L'INFLUENCER

MATTEO RENZI

L'INFLUENCER

PIEMME

Pubblicato per

PIEMME

da Mondadori Libri S.p.A.

ISBN 979-12-238-0034-8

I Edizione marzo 2025

Anno 2025-2026-2027 – Edizione 1 2 3 4 5 6 7 8 9 10

Ai ragazzi che amano la politica. Perché non dimentichino mai di rischiare, di sognare, di provarci. E sappiano quando è il momento di andare contro corrente, di sfidare il più forte, di lottare contro il pensiero unico. Ai ragazzi che non si arrendono all'ignoranza, al populismo, alla superficialità.

«Siamo immersi in una cultura segnata dalla rinuncia alla ricerca della verità. Abbiamo perduto l'inquieta passione del cercare per rifugiarci nella comodità di un pensiero debole – il dramma del pensiero debole! – nella convinzione che sia tutto uguale, che una cosa valga l'altra, che tutto sia relativo.»

PAPA FRANCESCO

«La pressione è un privilegio. Nessuno mette pressione a una squadra debole. Significa che siamo forti.»

JULIO VELASCO

Introduzione

Raccomandata, non underdog. L'influencer e l'arrivo a Palazzo

> «Verrà il giorno in cui ve ne pentirete. Beceri che strillate e muti che state zitti.»
>
> BERTOLT BRECHT

E dire che alla fine il ritratto più feroce, e più vero, di Giorgia Meloni non l'ha fatto l'opposizione. No. A scrivere che con l'attuale premier, proprio, «non si può andare d'accordo», perché «supponente, arrogante, prepotente» e con un comportamento «offensivo e ridicolo» era stato quello che aveva capito tutto prima degli altri: Silvio Berlusconi.

Può sembrare strano che l'uomo che nominò la Meloni come la più giovane ministra della storia repubblicana – raccomandata di ferro, altro che underdog fatta da sola – sia anche l'uomo che usa le parole più dure.

Eppure è proprio così. Siamo nei primi mesi del nuovo governo, autunno 2022. Mentre il mondo della sinistra si ferma imbambolato ad ammirare le gesta della leader di Fratelli d'Italia, Berlusconi – che ha da sempre aiutato e lautamente finanziato la Meloni – mette nero su bianco il suo pensiero, vergandolo di proprio pugno, in Senato. E con la maestria che lo caratterizza, lo espone volutamente sul suo banco perché, dall'alto, i teleobiettivi dei fotoreporter possano scannerizzarlo ben bene.

Supponente, arrogante, prepotente. Il contrario, esattamente il contrario, di ciò che la mielosa narrazione della premier vuole far credere quotidianamente a reti unificate.

Questo libro parla dell'Italia del 2025. E prova a rispondere alla domanda: Giorgia Meloni è una leader capace di fare la differenza? Di avere una visione? Di condividere un sogno e non ossessioni, complotti, vittimismo?

Giorgia Meloni è solida al potere, guida l'Italia senza problemi di maggioranza parlamentare, potrebbe fare la differenza anche in Europa. E ha larga parte dei media e dell'opinione pubblica a favore. Le condizioni di navigazione, per lei, sono ottimali, se solo fosse capace di fare il lavoro che la Costituzione le ha assegnato.

In questo Paese c'è ancora qualcuno che non si piega al pensiero unico e che ritiene che no, Giorgia Meloni non sia una leader, ma un'influencer che cerca il consenso nell'immediato e non costruisce speranza, benessere, futuro. È un'influencer perché pensa ai sondaggi, non alla pressione fiscale o al rapporto debito/Pil. È un'influencer perché manda i video sui social, ma viene in Parlamento meno di tutti gli altri premier. È un'influencer perché si accontenta dei like facili, non dei progetti difficili. È un'influencer perché punta «ai cuoricini» su Instagram, ma taglia sul rientro dei cervelli dei giovani in Italia. È un'influencer perché non racconta come vuole uscire dalla crisi geopolitica, ma solo come vuole uscire sui Tg della sera.

Nel primo capitolo affrontiamo il tema della politica estera di Giorgia Meloni, sempre più banderuola, sempre meno bandiera. Sì, ok, lo sappiamo. Larga parte dei media ci ha consegnato l'immagine della donna coraggiosa, potente, più influente d'Europa. La cronaca racconta che non è così. La presidente del Consiglio dei ministri è incerta sul posizionamento geopolitico, rincorre gli eventi, cambia idea a seconda delle convenienze. Fino a oggi la Meloni si è sempre piazzata dove le funzionava di più per la sua narrazione. Contro Obama, per Putin. Poi contro Putin, per Biden. Poi contro Biden, per Trump. E dunque, alla fine, di nuovo vicina alle posizioni russe. Lei non è per Putin o per Biden o per Trump: lei è per Meloni. Ha mollato tutti i vecchi compagni, ehm, camerati di un tempo. Ha cancellato le simpatie filopalestinesi del suo gruppo giovanile d'un tempo abbracciando adesso la causa israeliana. Ha sostituito il bacio in testa di Biden con il bacio della pantofola di Trump. A livello europarlamentare ha fatto separare i gruppi persino dall'amato Santiago Abascal, della spagnola Vox. Perché la loro cultura è questa: i Fratelli d'Italia stanno dove li mette il capo, indipendentemente dalle idee. Non si preoccupano di assicurare una continuità geopolitica, strategica. No. Si preoccupano di adulare la Cara leader.

Ha preso e mollato con nonchalance ogni tipo di alleanza internazionale pur di acquisire credibilità a livello globale senza considerare che questo atteggiamento da trotterellino frettoloso l'ha trasformata in una macchietta. Nei vertici internazionali la sua caratteristica migliore è che è fotogenica. Ed è anche molto empatica. Sta simpatica a (quasi) tutti. Ma quando c'è da stringere sugli incontri seri, quelli decisivi, lei non tocca palla. Grande attrice, certo, ma in lizza per la statuetta della migliore attrice non protagonista.

Nel secondo capitolo ci spostiamo sulla squadra. I due vicepresidenti del Consiglio sono impresentabili per stessa ammissione del gruppo dirigente di Fratelli d'Italia. Tra una deputata che abbaia in tv, uno che spara a Capodanno, un sadico nominato sottosegretario alla Giustizia, ministri improvvisati che sembrano scelti appositamente per una commedia all'italiana degli anni Settanta e un presidente del Senato che si può definire pittoresco giusto per non mancargli di rispetto, è difficile scegliere quale sia il migliore. O il peggiore. Ma nel frattempo le istituzioni del Paese ne risentono. E l'autorità delegata ai servizi segreti, il sottosegretario Mantovano, non riesce a chiarire troppe ombre. Aver messo alla guida dell'Agenzia per la cybersicurezza un prefetto in pensione e non un esperto delle nuove tecnologie spiega il disastro della sicurezza informatica: privati che bucano i database dello Stato, giornalisti intercettati illegittimamente con trojan non autorizzati, cittadini in balia di hacker privati e forse persino pubblici, o comunque aiutati dal pubblico. Dilettanti allo sbaraglio non è il nome di un vecchio programma televisivo, ma la foto di gruppo di un team che a Palazzo Chigi fa acqua da tutte le parti. Ma che sta lì perché non si scelgono i migliori, ma solo i più vicini al Capo. O meglio: alla Capa.

Nel terzo capitolo entriamo nel merito della persona Giorgia Meloni. Del suo carattere, delle sue qualità, dei fantasmi che vede e vede solo lei. Del fatto che la nostra presidente non è quella che racconta di essere. Dice di avere una sola faccia, ma nel corso degli anni l'ha cambiata, eccome se l'ha cambiata. E raccontiamo del suo attacco personale a me, inspiegabile. Un attacco nato in nome di un presunto complotto ai danni di sua sorella Arianna. E poi proseguito con un crescendo di iniziative, compresa una finora inedita decisione di togliermi la scorta che denota – una volta di più – l'utilizzo delle istituzioni per regolare rapporti politici. Del resto si era già capito dalla mancata assegnazione di una commissione parlamentare, dalla legge *ad personam*, dall'utilizzo dei media amici per contrastare la libertà di un parlamentare di opporsi. E davanti a questo – e a quello che leggerete – si capiscono i limiti della influencer raccomandata. Ma anche le paure di molti che non osano sfidarla.

Dire la verità su Giorgia Meloni, però, significa rischiare. E rischiare molto, anche personalmente. Può sembrare assurdo che nell'Italia del 2025 si abbia paura di dire quello che si pensa. Ma la verità è che la nostra presidente del Consiglio ha un controllo maniacale dell'informazione e dello storytelling. Se un politico prova a opporsi in modo convincente, lei gli confeziona una legge *ad personam*. Se un giornalista la critica, finisce nell'elenco dei cattivi e viene depennato dalla lista dei commentatori graditi nelle trasmissioni tv o nelle comparsate di Atreju. Se un gruppo parlamentare fa opposizione sul serio, gli vengono negati le presidenze di commissione e qualsiasi ruolo istituzionale nonostante la consuetudine di lasciare spazi a tutte le forze politiche presenti alla Camera e al Senato. Se un parlamentare fa un'interrogazione, la strategia è quella di non rispondergli. Se il segretario di un partito attacca le interviste inginocchiate della premier, finisce fuori dagli spazi televisivi, con tanti saluti alla *par condicio* e alla libertà di stampa. Se un attivista contesta la strategia del governo sull'immigrazione, finisce spiato dai servizi di intelligence con l'utilizzo illegale di potenti software israeliani.

Sono tutti argomenti che affronteremo, portando prove, elementi, fatti. Non slogan.

Infine, quarto e ultimo capitolo: la situazione del Paese. Quello che serve all'Italia per uscire è la politica. Ma Giorgia Meloni può offrire solo un concentrato di populismo. Sull'energia e sulle riforme, sulla prospettiva europea e sull'immigrazione, sulla spesa militare e sul ceto medio, l'Italia ha bisogno di leggere con attenzione ciò che Giorgia Meloni ha proposto prima di diventare premier. E poi deve fare esattamente l'opposto. Come peraltro ha iniziato a fare – senza troppo entusiasmo, senza troppa capacità – anche il governo.

Non credo a chi dice che questa maggioranza durerà vent'anni. Lo dicono sempre, a tutti. Ma poi non dura nessuno, piaccia o non piaccia. Si spezzerà presto anche l'incantesimo di questa stagione della nostra vita politica. Come tutte le stagioni è destinata a finire, la ruota è destinata a girare e noi possiamo ben dirlo con cognizione di causa. Non ho dubbi: la fiamma è destinata a spegnersi. Anche quella fiamma lì, tranquilli. Anche perché l'Italia è un Paese in cui, dal 1994, chi governa non ha mai vinto le elezioni successive, mai. E la stessa cosa accadrà nel 2027 quando Giorgia Meloni tornerà a fare la cosa che sa fare meglio: l'opposizione. Perché lei nel fare l'opposizione è bravissima: è per governare che proprio non è adatta.

Mi dicono che sono l'unico a fare opposizione. Non è vero, naturalmente. Ma certo sono tra quelli che non può essere accusato di essere stato prevenuto, specie in questi anni. Quando, però, dire la verità su Giorgia Meloni è diventato un rischio, un azzardo, un pericolo, allora uno come me non può tacere. Eh no! Uno come me in questi casi deve alzare la mano e aprire la bocca. O più banalmente accendere il computer e scrivere. Perché se per gli altri dire la verità sulla premier è un pericolo, per me dire la verità su di lei diventa un dovere. Un dovere morale, civile, culturale. Un dovere politico, insomma. Se c'è da andare controcorrente e alzare la voce in un coro di silenziati, io ci sono. Per carattere, per scelta, per vocazione. Prima o poi le sorelle della Garbatella capiranno che non tutti si fanno mettere a posto, a cuccia, come fanno scrivere ai propri giornalisti di fiducia. Avete letto bene. Dopo una mia critica all'azione di governo, un *house organ* del governo titola che io «devo tornare a cuccia». Questa è la libera stampa, nel 2025, in Italia: gli amici della premier che ti vogliono «a cuccia». Loro saranno abituati a gente che morde. O che lecca. Io non mordo, non lecco, non sto a cuccia. Però faccio politica perché ho promesso a me stesso di restare fedele ai miei sogni di ragazzo. Faccio politica per un ideale e non per un interesse.

Dunque se c'è da combattere, anche in solitaria, ci sono.

Diciamolo chiaro: ci ha raccontato un sacco di balle, a cominciare da quelle sulla sua carriera politica, sulla sua famiglia, sul suo rapporto con il potere e i gruppi economici. Balle spaziali. Giorgia si è venduta come un'underdog. Ma chi, come me, ha iniziato l'esperienza politica più o meno contemporaneamente a lei sa bene che non stiamo parlando di una outsider quanto di una raccomandata. Anzi, la più raccomandata della Seconda Repubblica. Eh già: lei viene piazzata giovanissima da Fini alla vicepresidenza della Camera esattamente come Di Maio veniva piazzato da Grillo nello stesso ruolo. Giorgia Meloni è diventata giovanissima vicepresidente della Camera, con lo stesso percorso, identico, di Luigi Di Maio. Due leader (Fini nel primo caso e Grillo nel secondo) che scelgono il giovane o la giovane più brillante che hanno. Entrambi, Giorgia e Luigi, non hanno una carriera universitaria straordinaria o meriti professionali o pubblicazioni dall'alto valore culturale: non sono laureati, non hanno brillato nel lavoro, non hanno doti culturali strabilianti. Vanno bene in tv, sanno stare nei talk-show, usano i *new media*. Ma sono soprattutto i più brillanti fedeli (fino a quel momento) interpreti della volontà del loro capo.

Non sono underdog, sono raccomandati. Raccomandati di ferro.

Meloni è, nella storia, la più giovane ministra, arrivata in quel ruolo senza aver preso un solo voto di preferenza, ma solo grazie al sostegno poderoso di Berlusconi e di tutto il gruppo dirigente di Alleanza Nazionale. Giorgia Meloni è talmente raccomandata da non fare in tempo a lasciare l'ufficio di vicepresidente a Montecitorio che già le si aprono le stanze di Largo Chigi come ministro senza portafoglio per la Gioventù. Imperdibili quegli anni, gli anni del berlusconismo galoppante. Non si ricordano battaglie di Giorgia contro il sistema, tutt'altro. I social rilanciano, anche in queste ore, il suo volto divertito e partecipe mentre Berlusconi, sul palco di un'iniziativa pubblica organizzata da Giorgia nella sua veste di ministra della Gioventù, ammira giovani ragazze e dice loro: «Siete così brave che meritereste di essere invitate al Bunga Bunga». Ma Berlusconi è potente e allora Giorgia ride. Ride a crepapelle. Finché il leader è forte, Meloni sta acquattata. E raccomandata.

Accetta di mettersi contro Berlusconi e Fini solo quando i due litigano e iniziano la loro parabola discendente. Non li affronta con le armi del rinnovamento generazionale quando sono potenti, come abbiamo fatto noi con quelli come D'Alema. No, lei si fa cooptare dagli uomini più potenti salvo poi abbandonarli nel momento del declino. Appoggia Fini e Berlusconi fin quando conviene. Poi li molla. E la cosa divertente è che la scissione che fa – raccontata come un atto di coraggio contro Forza Italia – è in realtà pagata da Forza Italia. Bonifico, trasparente. Meloni ha detto di essersi emancipata da Berlusconi, ma omette di dire che lo ha fatto con i soldi di Berlusconi. E si è ritrovata in Parlamento anche nel 2013, pur non avendo ottenuto il quorum, grazie all'elezione in un collegio sicuro garantita da Berlusconi. Quando dice a Berlusconi che lei non è ricattabile non so a che cosa si riferisca. So che verso Berlusconi dovrebbe avere soprattutto l'umiltà della gratitudine.

La narrazione della premier è quella di una donna che ha dovuto difendersi dagli uomini che la circondavano. Il padre che l'aveva abbandonata. I leader politici che l'hanno costretta a farsi un proprio partito. I vicepremier pasticcioni che la mandano in difficoltà. Il compagno farfallone che se ne esce con i fuorionda. I parlamentari incapaci di fare il proprio dovere: «Lascerò per colpa dell'infamia di pochi» scrive a un certo punto in chat.

Fateci caso: c'è sempre un maschio cattivo attorno alla giovane e coraggiosa underdog.

È una costruzione falsa, in radice. Ma studiata a tavolino. Il capolavoro di un'influencer.

Giorgia Meloni ha scientificamente ucciso il padre, politicamente parlando, a cominciare da Fabio Rampelli, che l'ha lanciata nella serie A della politica. Fino a Gianfranco Fini, vero *dominus* della sua ascesa in Parlamento e al governo. Per terminare con Silvio Berlusconi, che l'ha scelta come ministra più giovane della storia italiana.

Questo non significa non rispettare il coraggio che porta, nel 2012, La Russa, Crosetto e la stessa Meloni a fondare un partito. E nulla toglie alla fatica che Giorgia fa nel costruire una proposta credibile. Ma non si può dimenticare che nel 2013 lei non raggiunge il quorum e viene salvata – ancora una volta – dai collegi di Berlusconi. Se Giorgia torna a Montecitorio (dove è alla quinta legislatura, più o meno quanto Cirino Pomicino) non è grazie alle sue preferenze, ma alla raccomandazione di colui al quale deve molto.

Non tutto, certo. Ma molto, moltissimo.

Questa narrazione a reti unificate per cui Meloni è la donna del coraggio funziona molto. È molto bella. Regala emozione. E rende impossibile non simpatizzare per questa giovane donna, autodefinitasi fuori dal coro, che si fa strada in un mondo di uomini che la ostacolano. È davvero tutto molto bello. Peccato che sia anche tutto molto falso. Perché gli uomini potenti hanno costruito la strada per Giorgia, l'hanno protetta, raccomandata, eletta, nominata. Finché lei li ha abbandonati quando non le servivano più.

Anche se nessuno pare avere la forza di dirlo ad alta voce, io metto per iscritto qui che la nostra presidente del Consiglio è molto diversa. Diversa da quello che lei stessa ci ha raccontato in anni di certosina costruzione dell'immagine. Ma diversa anche da quello che serve al Paese. Oggi l'Italia avrebbe bisogno di una svolta e invece tira a campare. Le riforme evocate sono buone solo per i titoli. Tutto è effimero. Che per chi ama il greco è una parola tremenda, *efémeros*, che dura un giorno. Anche le riforme di Giorgia durano un giorno, come le storie di Instagram. È finita che chi voleva fare la storia ormai fa solo le storie, sui social network.

E il paradosso è che l'opposizione sembra imbambolata, vittima sacrificale di questo incantesimo, incapace di reagire. Al massimo le solite polemiche trite e ritrite, già invecchiate prima di cominciare. Del resto è l'opposizione che, dividendosi, ha regalato ai Fratelli d'Italia il trionfo elettorale del 2022. O meglio: alle sorelle della Garbatella. Perché alla guida di questo Paese c'è un clan più che un partito, una famiglia piuttosto che un governo. Le scelte del Paese si decidono più nelle vacanze in masseria che non nei vertici a Palazzo Chigi.

Ma sembra sotto effetto di incantesimo anche la larga parte dei giornali, dei media, degli opinionisti. Dicono: eh, ma la Meloni è meglio di chi le sta accanto. Mi fanno impazzire i resoconti di certe cene radical chic nella Milano bene in cui le sciure spiegano che «Giorgia è l'unica presentabile del governo. Non la sopporto, ma se la paragono agli altri ministri mi sembra un genio». Ma dai. E che diamine, almeno quello. Ti metti accanto Salvini e Tajani, Delmastro Delle Vedove e Sangiuliano: per forza sei meglio di loro. Ti piace vincere facile, diceva una pubblicità di quando eravamo piccoli.

E poi, insistono i resoconti delle terrazze romane: «Almeno lei è una donna con le palle». C'è una scena cult nel film di Sorrentino *La grande bellezza*. È la scena in cui Toni Servillo, alias Jep Gambardella, dice: «Su "donna con le palle" crollerebbe qualsiasi gentiluomo». E inizia a elencare i difetti di Stefania, la presunta donna con le palle. Pezzo bellissimo, ambientato – non a caso – su una terrazza romana. Bene. Quando sentiamo dire che Giorgia Meloni «è una donna con le palle» anche il gentiluomo che è in noi crolla. E diventiamo tutti Jep Gambardella. E iniziamo a parlare.

Toccherà a noi, nel silenzio impaurito dei più, raccontare di come la presidente abbia addomesticato i media. Uno dei più grandi politici fiorentini, Niccolò Machiavelli, diceva che «governare è far credere». Meloni non ha bisogno di avere una squadra: ecco perché si è circondata di una corte di persone improbabili e di collaboratori imbarazzanti. Le basta, si fa per dire, avere un'opposizione ideologizzata e divisa. E le basta governare il racconto. Governare è far credere. Il modo con il quale la premier ha imbambolato i media sulle vicende più spinose, da Al-Masri a Paragon, è da manuale della comunicazione politica.

Intendiamoci: se una è brava, è brava. Meloni è una fuoriclasse dello storytelling. E dunque *chapeau*. Perché da perfetta influencer ha fatto credere di essere una donna che non è, una politica che non è, una statista che non è. Qualcuno ha paura di dirlo per le ritorsioni? Bene, lo dico io. Lo scrivo. E lo dimostro. Non sono «l'unico a fare opposizione» come dice qualcuno. No. Ma certo sono uno di quelli che ha meno da perdere.

Io non ho paura, mai avuta. Se c'è da fare una battaglia controcorrente, la faccio. Costi quel che costi. E se il prezzo è di rimanere solo, isolato, vituperato e insultato dal mainstream, be', per carattere questo mi esalta. Quando, solo con i miei amici di Italia Viva, ho lavorato per mandare a casa Giuseppe Conte e portare Mario Draghi, il grido di battaglia era quello dell'*Enrico V* shakespeariano, nel giorno di san Crispino. Chi ama il Bardo, e più in generale il teatro, sa che quella pagina lì, quella di «*We, happy few*» è una delle più belle di tutta la produzione di Shakespeare. Perlomeno lo è per me. Perché mi piacciono le battaglie difficili, quelle che sembrano perse, quelle in cui nessuno crede.

Non ho paura, no. Se anche dovessi rimanere il solo a gridare che Giorgia Meloni è un'influencer e non una statista lo farò senza timore. E se questo dovesse comportare l'esclusione da alcune trasmissioni tv, come già successo, o i velati messaggi minatori di pezzi delle istituzioni, di cui parleremo, be', lo farò ancora più volentieri.

Ho fatto il presidente del Consiglio anche io, qualche anno fa. E so che non è un lavoro facile. Ma proprio per questo, forse, ho un osservatorio privilegiato che mi consente di vedere in modo più chiaro ciò che non funziona nel comportamento di un primo ministro.

Sulla pigrizia, invece, devo ammettere che forse ho qualche colpa da farmi perdonare. Nei primi mesi del governo ho ritenuto saggio avere un atteggiamento istituzionalmente collaborativo nel fare opposizione. Non ho mai taciuto o giustificato nulla, ma forse ho sottovalutato le prime forzature dell'*inner circle* della premier. Pensavo fosse l'entusiasmo dei primi mesi, non credevo fossero capaci di portare avanti un disegno strategico di distruzione dei legami istituzionali. Da un lato continuavo a dirmi che se Giorgia Meloni era diventata premier solo con il 26% dei voti la colpa era tutta dell'allora dirigenza del Pd che aveva operato una scelta sciagurata, tagliando fuori i centristi e mettendo veti personali privi di logica. Se vuoi i voti, non metti i veti: lo capisce anche un bambino che si candida capoclasse alle elementari, pensavo fosse chiaro a dirigenti di lungo corso. Se metti i veti, perdi i voti. Non è un gioco di apofonie vocaliche, come ci dicevano al liceo: è algebra, matematica, buon senso. Lo ribadisco netto: la sinistra non vincerà mai se ci sarà chi mette i veti. Chi mette i veti è il miglior amico di Giorgia Meloni. Lo dicono i risultati delle Politiche 2022, lo dicono i risultati delle Regionali 2024 in Basilicata e Liguria.

Dall'altro la pigrizia tipica di chi non è più giovanissimo aveva preso il sopravvento. Facevo i miei interventi in aula, offrivo i miei spunti sulla politica estera quando mi veniva chiesto, lavoravo sulla formazione dei ragazzi più giovani. Cose che continuo a fare ancora oggi con grande entusiasmo. Tuttavia la pigrizia mi aveva forse un po' intorpidito, devo ammetterlo. Ora che ho appena compiuto cinquant'anni mi rendo conto che è un dato di fatto non avere più la stessa energia e la stessa grinta di qualche lustro fa. Ma una serie di fatti sempre più clamorosi mi hanno costretto a reagire. E quando nell'agosto 2024 ho visto la reazione di odio nei miei confronti semplicemente per aver chiesto conto di un certo attivismo di Arianna Meloni sulle nomine, ho capito che c'era qualcosa che non andava. In questi mesi è accaduto di tutto, come si accorgerà il lettore che avrà la pazienza di risalire il filo degli eventi. Ma devo ammettere che il momento che mi ha convinto definitivamente a fermarmi un attimo e a mettere nero su bianco le mie critiche – e le mie proposte alternative – è la tradizionale conferenza stampa di fine anno del capo del governo.

Nell'anno solare 2024 Giorgia Meloni ha fatto meno conferenze di Vladimir Putin. Non un bel record per chi crede nel valore costituzionale dell'informazione. Quando finalmente la premier convoca la conferenza di fine anno, per il gennaio 2025, praticamente tutte le redazioni sono interpellate per sapere in anticipo la domanda. A un autorevole giornalista di destra, legato da anni da un sentimento di amicizia con Giorgia, viene ripetutamente chiesto direttamente dalla premier di sapere la domanda che la sua testata farà. Vuole il controllo di tutto. Deve sapere tutto prima. Persino i dettagli. E finisce così che in tutta la conferenza stampa nessuno chiede della crisi dei salari, con la cancellazione del bonus Renzi (gli ex 80 euro) a una fetta importante di cittadini. Nessuno parla di sanità e liste d'attesa, nonostante il governo abbia fatto un decreto legge in piena campagna elettorale per le Europee, ma senza alcun risultato concreto. Nessuno parla di pensioni che non vengono aumentate nonostante le roboanti promesse. Però si alza un giornalista, direttore di un'agenzia che prende quasi duecentomila euro da Palazzo Chigi – avete letto bene, la cifra è giusta, i soldi sono vostri – e domanda serio alla premier: «Presidente, lei calpesta le formiche?»

«Presidente, lei calpesta le formiche?»

Lo riscrivo perché ancora non ci credo.

Talvolta mi dico che non dovrei scrivere un libro con critiche e proposte ma più semplicemente la sceneggiatura di una serie tv sui palazzi italiani. La vita politica del nostro Paese, infatti, regala emozioni, chicche e aneddoti che nessuno sceneggiatore di serie tv americane potrebbe mai partorire. Neanche l'intelligenza artificiale potrebbe arrivare al punto di inventare domande del genere: non l'intelligenza artificiale e forse nemmeno la stupidità naturale. Del resto, avere la premier per una volta pronta a rispondere sui problemi del Paese e chiederle se calpesta le formiche mi pare poco intelligente, non solo poco artificiale come domanda. Ma se queste sono le domande che i media stipendiati da Palazzo Chigi fanno in diretta su Rai 1 davanti a milioni di italiani, allora capisco che abbiamo superato il livello di guardia. Che poi, a dirla tutta, quando qualche giornalista prova a fare domande puntuali, Meloni va subito in difficoltà. «Come mai in questo Paese l'energia costa il 30% in più?» domanda, ad esempio, Claudia Fusani. La reazione della premier è melonismo in purezza: «La questione dell'energia non si può affrontare in venti secondi, per rispetto ai colleghi mi fermo qui». Per rispetto ai colleghi dovresti rispondere, cara premier! Ma come si fa? Rispondi sulle formiche e non sulle bollette alle stelle? Vabbè, mi dico, se questo è il clima del Paese vorrà dire che è il momento di farsi sentire. Alla mia maniera.

Del resto sono un uomo fortunato perché ho trovato – anche fuori dalla politica – esperienze che mi hanno insegnato a dare il meglio nei momenti più duri. Baden Powell, fondatore dello scoutismo, diceva che «gli scout ridono e cantano anche nelle difficoltà». In tanti associano questa frase allo stereotipo dello scoutismo come storiella per bambini. Ma se ci pensate bene, in questi tempi di crescente depressione e grandi disagi psicologici, è importante crescere con un messaggio di speranza, di tenacia, di ottimismo. Perché quando smetti di combattere, allora lì capisci che non puoi andare avanti.

Da giovanissimo ho fatto anche l'arbitro di calcio. È stata una delle esperienze più belle e più formative della mia vita. Negli anni molti mi hanno chiesto: ma che cosa ci trovavi di così divertente a farti offendere sui campi della Maremma e della Garfagnana? Capisco che non sia semplice pensando alla volgarità di certi cori o commenti. Ma se ci pensate bene l'esercizio della leadership, prendere decisioni in un istante, non farsi condizionare dalla folla, è un grandissimo test per il carattere. Se sai stare davanti a duecento tifosi imbelviti in Val di Chiana, non avrai mai certo paura di qualche milione di populisti sui social o qualche decina di invasati in Parlamento. Però, proprio nella mia sezione arbitrale ho ricevuto una grande lezione di vita.

Eravamo a Firenze prima che l'Associazione italiana arbitri si trasferisse dal centro a Coverciano. Io, sedicenne, muovevo i primi passi e nella poco luminosa e storica sezione di Via Faenza, dietro il Duomo, un gruppo di ragazzini ascoltava un vecchio arbitro di serie A, ora a riposo. Il suo nome era molto conosciuto a Firenze, anche perché aveva un caratterino mica da ridere. Si chiamava Gino Menicucci e aveva decine di presenze sui campi di serie A. Uno di noi gli chiese: «Gino, perché hai smesso di arbitrare? Quando hai capito che non ce la facevi più? Problemi fisici?» E lui – con la franchezza fiorentina che certo non gli difettava – ci disse, citando la partita e il giocatore: «Arbitravo una delle partite più difficili della giornata. Un giocatore, una mia vecchia conoscenza, mi mancò di rispetto. Avrei dovuto ammonirlo, quantomeno ammonirlo. Ma per una volta non ebbi la forza di tirar su il cartellino giallo. E feci finta di non aver sentito, ma avevo sentito benissimo». Tutti noi zitti ad ascoltare. Menicucci era uno noto per farsi rispettare. Anche troppo, per i suoi critici. «In quel momento, ragazzi, ho capito che era finita. E alla fine della stagione ho appeso il fischietto al chiodo.»

Per uno che ha fatto l'arbitro, quando c'è un'ingiustizia, una cosa contro il regolamento, una scorrettezza, non ci si può girare. Se ti giri e non hai il coraggio di fischiare o di ammonire, vuol dire che non è più il tuo tempo.

Quando vedo ciò che sta facendo il governo dell'influencer mi dico che non posso tacere. Che non posso girarmi. Che non posso far finta di non aver sentito.

Allacciate le cinture. Qui trovate le cose che gli altri non hanno il coraggio di dire. Ma anche le proposte che Giorgia non trova il tempo di ascoltare. E dite ai giornalisti che lavorano con Palazzo Chigi che possono stare sereni: nessuna formica è stata calpestata per scrivere questo libro.

1
Banderuola, non ponte. L'influencer e la politica estera

> «Il signor Balfour è un capo che fa tutto quello che i suoi seguaci gli dicono di fare, ma quando si accorge che sbaglia, esegue senza convinzione.»
>
> WINSTON CHURCHILL

Male in Italia, ma bene all'estero. Questa in estrema sintesi la pagella che molti commentatori italiani danno all'azione di Giorgia Meloni dopo il giro di boa della legislatura.

La maggioranza degli italiani, insomma, ha un giudizio negativo su come il governo sta conducendo le questioni di politica interna. Le divisioni della coalizione, la crisi del ceto medio tra bollette, tasse e inflazione, una squadra giudicata non all'altezza: sono questi i primi elementi che fanno esprimere una valutazione critica sulla capacità dell'esecutivo di affrontare i problemi della quotidianità.

«Però, dai, Giorgia all'estero non è così male.» Lo dicono a reti unificate i megafoni della propaganda di Palazzo Chigi. Ma lo dice anche una parte della sinistra o comunque una parte dei non allineati. Viene apprezzata la stabilità dell'esecutivo, finalmente, anche pensando alle difficoltà di altri Paesi europei. E soprattutto si è affermata in tutti i commentatori una verità dogmatica e assoluta: Meloni è bravissima perché si prepara.

E quei pochi disfattisti che invece sussurrano che Giorgia

passi le serate a giocare a burraco online, talvolta anche con fedelissimi parlamentari di Fratelli d'Italia, sono sicuramente in malafede. Forse persino renziani. Il messaggio è solo uno: Giorgia studia, Giorgia è preparata, Giorgia sa tutto. Nessuno può coglierla in castagna. Ma è davvero così?

No, non mi riferisco al burraco, su cui torneremo nel prossimo capitolo perché persino il presidente del Senato ha sentito il bisogno di commentare lo stile della premier mentre gioca a burraco. E se pensate che questo sia casuale, siete fuori strada: nella costruzione dell'immagine dell'influencer far sapere che gioca a burraco come milioni di altri italiani crea un processo di immedesimazione straordinariamente efficace. Nulla è lasciato al caso nella comunicazione di Fratelli d'Italia, ricordiamocelo sempre.

È davvero una secchiona che studia tutto e che nessuno può beccare impreparata, la nostra presidente del Consiglio dei ministri?

Secondo il 95% della stampa italiana, sì.

Secondo il 101% dei Fratelli d'Italia, certo.

Secondo Vladimir Kuznetsov e Alexey Stolyarov no, assolutamente no.

Anzi, fregare Giorgia Meloni è facilissimo, sostengono i due, perché «è ingenua e vanitosa». Ohibò, chi sono questi due che osano criticare la nostra condottiera suprema? Come si permettono?

Dobbiamo tornare all'autunno del 2023. Giorgia Meloni è presidente del Consiglio da oltre un anno, non è più una novellina. A Palazzo Chigi non si è badato a spese: assunzioni *à gogo*, incremento di spesa come mai si era verificato nella storia della Repubblica, nuove regole per i dipendenti. I costi schizzano alle stelle, i dipendenti sono terrorizzati per il controllo ferreo. La squadra di Meloni vigila su tutto: viene persino cacciata la polizia dal controllo dell'ascensore interno, per la prima volta in mezzo secolo. A palazzo c'è un ascensore dedicato solo al premier. Finisce al terzo piano, nell'appartamento del presidente del Consiglio dei ministri. Da sempre ci sono un poliziotto o una poliziotta che vigilano su quell'ascensore. Giusto così, stiamo pur sempre parlando dell'accesso alle stanze riservate al capo del governo. Meloni vede i fantasmi persino lì: caccia i bravi poliziotti e pretende di essere l'unica ad avere le chiavi dell'ascensore. Sono piccoli particolari, forse insignificanti per chi non ha mai vissuto in quelle stanze. Ma la verità è che la trentunesima inquilina di Palazzo Chigi è anche la prima a essere letteralmente ossessionata dal controllo maniacale su tutto.

Una roba mai vista, nessun premier si era mai comportato come lei. Dovrebbe essere aiutata dagli amici a capire che esagera, non assecondata dagli adulatori nelle sue fobie.

Meloni ordina, gli italiani pagano, i media applaudono, e così Palazzo Chigi sembra impenetrabile.

Sembra, ma poi in realtà non lo è.

No, non tutto fila liscio. Non sappiamo se c'entri una partita di burraco finita tardi o finita male, non sappiamo se la colpa sia di qualche comunista infiltrato nell'ufficio diplomatico, ma è certo che la presidente del Consiglio, in un tardo pomeriggio di settembre, si mette al telefono con un sedicente presidente dell'Unione africana. E chiacchiera a lungo, di tutto: della «stanchezza» per la guerra in Ucraina, con l'ammissione che bisogna trovare una soluzione diplomatica perché la controffensiva non dà i risultati sperati. All'esterno, in quelle ore del 2023, Meloni dice il contrario, ma nella conversazione con il prestigioso interlocutore (si fa per dire) si sfoga e dice quello che pensa davvero, senza filtri. Apre le valvole e parla, parla anche troppo. E aggiunge la sua frustrazione perché altri leader europei «non le rispondono al telefono». Altro che la grande credibilità dell'Italia nel mondo raccontata ogni giorno dalle veline del palazzo: non se la filano proprio. E lo ammette candidamente al primo che passa, per telefono. Il primo che passa è questo presidente dell'Unione africana, che interloquisce con la nostra premier per oltre dieci minuti. Poi riattacca. E, soltanto un mese e mezzo dopo, Giorgia Meloni capirà di non aver parlato con un leader africano, ma con due comici russi, Vladimir e Alexey, che le hanno fatto il più banale degli scherzi telefonici.

Due comici: questa è la definizione ufficiale che viene rilasciata dai media, ma, conoscendo come funziona la macchina russa, è molto difficile pensare che questi signori non fossero in realtà legati allo straordinario ingranaggio dell'intelligence di Mosca. Ma facciamo finta di credere che siano solo due comici, quelli che hanno bucato il grande muro di Palazzo Chigi che era stato messo su dagli uomini di Giorgia Meloni. Il punto di riferimento dentro il palazzo, per la premier, si chiama Giovanbattista Fazzolari. Fa il sottosegretario, dà la linea ai media, guida i movimenti dell'*inner circle*. È il responsabile del gruppo stretto che circonda la premier e che – aggiungo io – le fa fare queste figuracce storiche. Giorgia dice agli amici che Fazzolari è «l'uomo più intelligente che ho mai conosciuto». Verrebbe da dire: se questo è il più intelligente, figuriamoci gli altri.

Ma il Team Fazzolari capisce che la vicenda dei due comici è un clamoroso smacco. Nel bunker Chigi scende il gelo. Spendono centinaia di milioni assumendo anche chi non dovrebbe essere assunto, con la scusa che vogliono proteggere la premier, e poi si fanno fregare come adolescenti alle prese con gli scherzi telefonici?

E poi c'è il danno reputazionale, quello di immagine.

La premier non è quella persona credibile all'estero e preparata all'interno che la propaganda a reti unificate ha fatto credere che fosse. E soprattutto il palazzo è bucabile come un palloncino. Partono le contromisure, allora. Si deve cercare il colpevole e immediatamente si dimette il capo dell'ufficio diplomatico, un ambasciatore di lungo corso e di grande esperienza, Francesco Maria Talò che – prossimo alla pensione – si prende la colpa e si dimette, con un gesto di responsabilità tanto generoso quanto evidentemente ridicolo: non è colpa di Talò se la segreteria si è messa in contatto con due comici russi scambiandoli per un'istituzione africana, non è colpa di Talò se alla Meloni non sono venuti dubbi durante la telefonata. Vladimir e Alexey ringraziano, sottolineando come la Meloni avesse «tanta voglia di parlare».

Che cosa ci insegna questa storia?

Intanto che abbiamo una premier che si prepara poco sui dossier, molto meno di quello che vuole fare credere. Forse bisognerebbe ridurre le partite di burraco e aumentare le ore di studio. Perché è vero che c'è un problema di squadra se spendiamo milioni per assumere personale su personale da mandare a Palazzo Chigi e poi passiamo alla premier due che le fanno gli scherzi telefonici. Ma se uno conosce davvero i dossier di cui si parla ci mette un minuto a capire che quello non è il presidente dell'Unione africana. O magari, visto che stiamo parlando dei giorni precedenti all'Assemblea generale delle Nazioni Unite, se davvero uno conosce i dossier, fa domande, chiede una mano, si informa. Sono peraltro le settimane decisive per la candidatura di Roma all'Expo 2030, per la quale si voterà nel mese di novembre del 2023: l'Italia è in corsa e la premier neanche chiede una mano ai Paesi africani? In questi casi, nelle telefonate, si chiede sempre un contributo, un sostegno, un aiuto. E invece la Meloni sfoga il suo vittimismo e non dice nulla. Anche così si spiega uno dei più grandi insuccessi diplomatici della storia repubblicana: mai avevamo perso – con nessun governo – la sfida di una candidatura con questo distacco clamoroso. Arriviamo ultimi, dopo Arabia Saudita e Corea. Il governo Meloni fischietta facendo finta di nulla, ma dopo questa vicenda la credibilità dei nostri, nel mondo dei diplomatici, è pari a zero.

Questa storia, messa rapidamente a tacere da Palazzo Chigi, mostra una premier che fa la telefonata come stanco esercizio burocratico solo perché ha «tanta voglia di parlare». E meno male che lei studia ogni dossier, è preparata su tutto, è una secchiona che non si fa prendere in giro. Pensa se non lo fosse stata...

Ma c'è di più. Nella conversazione, Meloni dice sull'Ucraina il contrario di quello che dice in pubblico. Il che ci può persino stare, intendiamoci, se uno si fida della controparte. Ma se vai a dire al primo che passa, che dimostri di non conoscere nemmeno, che la posizione che stai sostenendo tu per prima è sbagliata, difficile che poi ti considerino autorevole e credibile.

Questo piccolo episodio, non l'unico, ahimè, dimostra che, al di là della narrazione propagandistica della destra, Giorgia Meloni è molto diversa da come appare, da come vuole apparire. E forse non c'è argomento più di quello dei rapporti con la Russia che evidenzi come la nostra premier sia una banderuola. Purtroppo è così: non una bandiera, ma una banderuola.

Per ragioni di spazio illustro qui solo tre casi esemplari, partendo proprio dal suo rapporto con la Russia e dal suo giudizio su Vladimir Putin. Proseguo con l'India e il suo rapporto con Modi. E chiudo con l'Arabia Saudita e le sue valutazioni su Bin Salman.

In tutti e tre i casi emerge chiaramente come la grande leader internazionale sia in balia degli eventi. Non le manca semplicemente la coerenza: le manca una visione capace di darle un tono, un prestigio, un'autorevolezza. Dice ciò che le serve, non ciò che pensa.

Partiamo da Vladimir Putin. 2016, al governo ci siamo noi, Meloni guida un piccolo partito dell'opposizione. Negli studi televisivi di La7, da Lilli Gruber, la sorella d'Italia è categorica: tra Putin e Renzi lei non ha dubbi, sta dalla parte di Putin. Alla faccia del sovranismo, dell'interesse del Paese, della Nazione con la N maiuscola e con la meloni minuscola.

Immaginate che cosa accadrebbe se io andassi oggi in tv a dire che preferisco Xi o Putin o un altro discutibile leader internazionale al legittimo capo del governo del mio Paese. Vi faccio lo spoiler: partirebbe una batteria di dichiarazioni, tutte uguali, dei membri di Fratelli d'Italia che mi accuserebbero di non avere a cuore l'interesse nazionale. Che mi accuserebbero di essere servo delle potenze straniere. Che mi accuserebbero di essere un traditore della patria.

Invece Giorgia Meloni può andare tranquillamente a insultare il primo ministro in carica ed elogiare Putin come ha fatto non solo in televisione. Era il periodo in cui Salvini diceva che avrebbe dato due Mattarella in cambio di mezzo Putin e che prima di ascoltare il discorso del presidente della Repubblica preferiva vedere *Masha e Orso*. Ma era anche il periodo in cui l'intero gruppo dirigente di Fratelli d'Italia si affannava a pubblicare molti commenti sui social – alcuni dei quali cancellati nel corso degli anni – per dire che l'autocrazia russa era il modello per l'Italia.

C'è sempre bisogno di un intellettuale di riferimento che si incarica di spiegare bene al mondo la posizione. E Fratelli d'Italia aveva indicato il proprio intellettuale di riferimento in Alessandro Giuli, allora semplice studente universitario quarantenne fuori corso e giornalista schierato. Nel 2018, nella raffinata cornice politica di Atreju, Alessandro Giuli definisce Putin «un patriota». Video pubblico, poi inspiegabilmente rimosso, chissà perché, quando Giuli diviene ministro della Cultura del governo Meloni.

Già, perché la Meloni fa un'inversione a U pazzesca.

Ai tempi del nostro governo, dopo le vicende di Piazza Maidan a Kiev e l'annessione russa della Crimea, Fratelli d'Italia sceglie Putin. Contro la comunità internazionale, contro gli Stati Uniti d'America, contro la posizione europea. Meloni, dappertutto, dice che le sanzioni sono sbagliate, i giovani del suo partito manifestano solidarietà davanti all'ambasciata russa e la leader si rivolge direttamente a me come capo del governo chiedendo «un sussulto di dignità»: dire no al rinnovo delle sanzioni perché l'interesse nazionale, spiega Giorgia, è stare con Mosca e non con Kiev.

Non è roba del secolo scorso, tutto ciò avveniva solo qualche anno fa.

Ancora nel febbraio 2022, nelle ore in cui Putin sta ultimando la preparazione di quella che avrebbe definito «l'operazione militare speciale», che nei fatti è l'inizio della guerra con l'invasione dell'Ucraina, Meloni continua a barcamenarsi e prova a incolpare Biden, spiegando che la Casa Bianca «usa la politica estera per coprire i problemi in patria».

Poi però la futura premier si riposiziona. Abbandona il filoputinismo e si schiera totalmente con gli Stati Uniti. Dalle parti di via della Scrofa, sede di Fratelli d'Italia, evidentemente si inizia a sentire aria di elezioni anticipate. Serve un posizionamento filoatlantico, si dicono le sorelle d'Italia. E cambia tutto. La politica estera fatta con gli oplà, saltando di qua, saltando di là, è la caratteristica di Giorgia.

E dunque anche stavolta si cambia. Quando Meloni diventa premier abbandona i flirt russi e si mostra la più obbediente alleata degli Stati Uniti. Nell'amministrazione Biden ci sono molti funzionari che hanno lavorato sotto la presidenza Obama. Con alcuni di loro ho, dunque, mantenuto negli anni un rapporto. Mi scrivono entusiasti: «Hai visto la tua premier? Ha totalmente cambiato linea. Ora dice esattamente le stesse cose che diciamo noi».

Genuino entusiasmo.

Per mesi interi, Meloni non fa niente per spostarsi di mezzo millimetro dalla linea Biden. Anzi. Il gioco è quello opposto: fare la pretoriana più convinta, l'alleata più solida, la partner più accondiscendente. In un dibattito pubblico in cui avversari e commentatori hanno la memoria di un criceto, nessuno ricorda il passato, ma tutti si congratulano per il presente. Viviamo purtroppo così: in un tempo in cui nessuno ricorda il passato, pochi sognano il futuro. E tutti commentano questo presente continuo e indefinito che inaridisce la politica. Una sorta di dittatura dell'istante insopportabile.

Ma Giorgia Meloni è una influencer straordinaria e riesce a trasformare l'ipocrisia in lirico romanticismo. C'è un momento straordinario che andrebbe mostrato nelle scuole di comunicazione politica. È il 22 dicembre del 2024 e dunque siamo in piena frenesia prenatalizia. Giorgia Meloni sostiene di non stare benissimo: raffreddata, abbandona a metà il Consiglio europeo. Non si presenta alla Camera per la Legge di bilancio. Come non si presenterà al Senato per la Legge di bilancio la settimana successiva. Consiglio europeo e Parlamento possono attendere. Meloni organizza una visita in Lapponia per incontrare alcuni leader europei in un evento *ad hoc* organizzato per lei nel villaggio di Babbo Natale. Fa molto freddo, non è il posto ideale per chi ha abbandonato poche ore prima il Consiglio europeo per ragioni di salute. Ma Meloni è una mamma e ha promesso alla figlia Ginevra di andare a visitare il villaggio di Babbo Natale. E ci sta, dai: l'occasione istituzionale è anche una buona opportunità per mantenere una promessa alla figlia, non ci vedo niente di male. Anche se fatico a capire cosa c'entrino Babbo Natale e la Lapponia con i centri migranti in Albania di cui Meloni parla nell'incontro con i colleghi. Ma forse dell'Albania ormai Meloni parla anche nel sonno.

E soprattutto, se c'è qualcuno che ancora crede a Babbo Natale, magari quel qualcuno si beve anche la storiella che i centri migranti in Albania siano davvero una buona idea. Alla fine, il target è lo stesso, dai: chi crede a Babbo Natale può credere anche alle idee di Meloni. No, non è andata in Lapponia per fare un regalo alla figlia, come dicono i malpensanti. La nostra presidente del Consiglio ha vinto il cimurro, l'influenza e tutti i malanni che le impedivano di stare a Bruxelles per ribadire la storica doppia verità: i centri in Albania fun-zio-ne-ran-no. E Babbo Natale esiste. Sulla Befana, invece, per il momento silenzio stampa.

Ma il discorso che va scolpito nei manuali di comunicazione politica è quello che Giorgia Meloni fa davanti ai militari del contingente italiano in Lituania.

Finita la conversazione istituzionale con Babbo Natale, anche solo per giustificare l'aereo di Stato e la missione, Giorgia Meloni raggiunge la base aerea di Šiauliai, in Lituania.

E qui – in videocollegamento con tutti i contingenti italiani nel mondo – com'è doveroso per un presidente del Consiglio, fa gli auguri ai militari impegnati nelle varie missioni.

Il discorso di Giorgia è bellissimo. Cita *Il Signore degli Anelli*, lettura che ricorre con cadenza quotidiana nelle citazioni delle sorelle Meloni: la stessa premier è costretta ogni tanto a ricordare: «Vi giuro che non ho letto solo quello».

Io amo Tolkien: spero che quando andrà a casa questo governo, tra gli effetti collaterali positivi, riusciremo anche a liberarlo dall'utilizzo intensivo che ne fanno i Fratelli d'Italia, che sfruttano la sua opera con citazioni da Baci Perugina. Ho imparato a conoscere Tolkien anche per la sua relazione di amicizia con C.S. Lewis e, nonostante le tante polemiche che ne hanno sempre accompagnato l'opera, trovo che il suo pensiero sia profondo e degno di grande attenzione. Penso che gli scrittori inglesi di quel periodo meriterebbero un'analisi meno superficiale di quella che Fratelli d'Italia offre, intestandosi e strumentalizzando politicamente un autore. Ma, vabbè, non è grave. O meglio: fanno quotidianamente molto peggio.

Torniamo in Lituania. Giorgia Meloni sceglie, tanto per cambiare, una delle frasi più famose e più a effetto: «Non amo la lucente spada per la sua lama tagliente, né il guerriero per la gloria, né la freccia per la sua rapidità, amo solo ciò che difendo».

E dunque il soldato va ringraziato – specie quello che non vede i figli a Natale, che è lontano dalla famiglia, che soffre la lontananza – perché si incarica di difendere un popolo, le famiglie di tutti, i sogni di tutti. E lo fa perché ama la sua gente, ciò che difende.

La retorica di Meloni è perfetta. Ed è impreziosita dalla commozione finale. Le lacrime in un discorso del genere ci stanno tutte: fanno tenerezza, esprimono commozione, creano empatia.

Perché cito questa particolare visita in Lituania e questo particolare discorso? Perché proprio in questo discorso, in cui oggettivamente l'influencer si supera e ottiene applausi a scena aperta, proprio qui si tocca con mano l'ipocrisia della leader politica.

Perché? Perché c'è un'altra storia da raccontare, cosa che la premier naturalmente non fa.

Quando la Nato decide, nel 2016, di dislocare alcune truppe nei Paesi baltici per rassicurare quelle popolazioni e dare un segnale ai russi, la politica italiana si divide. Noi ovviamente teniamo fede agli accordi siglati nel vertice di Varsavia che ha preso questa risoluzione. Il mio governo viene attaccato da tutte le parti. Movimento Cinque Stelle, Lega, Sinistra radicale. Ma nessuno lo fa come lo fa Giorgia Meloni. Che mi dà pubblicamente dell'idiota. Avete letto bene: idiota. Il solito stile diplomatico, raffinato, elegante della sorella della Garbatella.

Ora, io non so se Giorgia Meloni abbia mai letto *L'idiota*, il capolavoro di Dostoevskij – oltre a *Il Signore degli Anelli*, si capisce – e dunque l'espressione che ha scelto di utilizzare non era per lei un insulto, ma una dotta citazione. So tuttavia che quando deve fare il discorso strappalacrime, da influencer, ai soldati italiani nel mondo, va esattamente a rendere omaggio a quelle truppe che lei riteneva essere state inviate da un idiota.

L'influencer fa il discorso perfetto, ma la dirigente politica perché non si scusa? Non si rende conto che a livello geopolitico quella decisione del 2016 era meno idiota di quello che lei pensava? Perché non avverte il desiderio di provare a fare un salto di qualità nella sua capacità di analisi della politica estera?

Intendiamoci. Quando la Nato decide di inviare truppe nei Paesi baltici, a scopo di deterrenza, fa una scelta saggia, visto quello che succederà dopo in Ucraina. Ma, proprio in quel 2016, io – che sono al governo e che credo che la politica estera non sia solo bianco e nero, non sia fatta di slogan, non sia una collezione di tweet – metto in campo una strategia più ampia. Stiamo con la Nato e mostriamo la nostra solidarietà portando i nostri uomini nei Paesi baltici. Ma allo stesso tempo teniamo aperto il dialogo con Mosca e non è un caso che il premier italiano sia l'ospite d'onore al Forum di San Pietroburgo. Perché chi conosce la politica estera sa che si lavora con i tempi lunghi, non con le frasettine a effetto. Nella sede di San Pietroburgo – città peraltro di straordinaria bellezza, legata alla mia Firenze da molteplici segni architettonici e comunque ispiratrice di cultura nel mondo – su alcuni punti Russia e Italia si trovano d'accordo. Su altri – anche pubblicamente – prendo le distanze dalle considerazioni di Putin. Ma è così che si fa quando si ha una politica estera, se si fa politica.

Non è un caso che io abbia sempre sostenuto le sanzioni alla Russia e l'aiuto all'Ucraina, a maggior ragione dopo il febbraio 2022, ma che abbia sempre cercato una soluzione diplomatica. Da premier, nel novembre 2014, con gli incontri di Milano tra Putin e Porošenko – falliti, ahimè, per decisione di Kiev – e da senatore della Repubblica quando, il giorno dopo l'invasione russa, proposi di accompagnare all'invio delle armi la scelta di un inviato speciale europeo – nella persona di Tony Blair o di Angela Merkel – per trattare tra Putin e Zelensky. Non aver scelto un nostro inviato speciale come Europa ha portato Bruxelles ai margini della discussione e oggi è il cinismo di Trump a dettare i tempi e le modalità di un accordo di pace che l'Europa avrebbe garantito più giusto e più duraturo. Se solo l'Europa fosse guidata da politici e non da influencer.

Giorgia è la regina degli influencer. E l'influencer è colei che nel 2016 bolla come idiota la stessa cosa che nel 2024 esalta come forma di servizio alla patria. La politica degli oplà, un giorno di qua e un giorno di là.

E c'è un particolare in più, una piccola cosa, ma che dà il segno di chi sia Giorgia Meloni nei confronti delle altre donne. Dopo il discorso in Lituania, la premier si commuove fino alle lacrime. Io trovo questo gesto molto umano e dunque molto bello. Le lacrime non sono mai indice di debolezza e chi, come me, è cresciuto leggendo Kipling e *Il libro della giungla* sa che sono proprio le lacrime il segno dell'umanità. Lo spiega la pantera, Bagheera: «Ora Mowgli si sentì stringere il cuore, un dolore dentro che non aveva mai sentito prima in vita sua. Trattenne il respiro e scoppiò in singhiozzi, mentre le lacrime gli scorrevano sul volto. “Cos’è? Cosa mi succede?” chiese. “Non ho voglia di lasciare la giungla e non so cosa mi ha preso. Sto per morire, Bagheera?” “No, fratellino. Sono solo lacrime, quelle degli uomini” rispose Bagheera. “Proprio le lacrime mi confermano che sei un Uomo e non più un Cucciolo d’Uomo. La giungla è chiusa per te d’ora in poi. Lasciale cadere, Mowgli, non sono che lacrime”».

Non mi troverete mai dunque a ironizzare su chi piange, su chi non riesce a trattenere le lacrime. So quanta fatica faccio io talvolta a non emozionarmi sul palco o in tv, specie quando parlo del dolore che ho fatto vivere alla mia famiglia, e soprattutto ai miei figli, perché ho fatto politica. Ho dei piccoli trucchetti per cercare di non piangere, in pubblico. Mi mordo il labbro cercando di non farmene accorgere, cerco di cambiare rapidamente discorso o provo a sdrammatizzare con una battuta.

Insomma: so che cosa si prova quando arrivano le lacrime e cerchi di trattenerle. E dunque se Giorgia Meloni si emoziona, la capisco. Mi verrebbe voglia di abbracciarla. Ma quando ripenso a ciò che Giorgia Meloni ha fatto contro altre donne che piangevano, be’, allora sento crescere in me un sentimento di disgusto.

Marzo 2016. Bruxelles è colpita da un attentato terroristico. Sono mesi difficili: gli estremisti islamici colpiscono a ripetizione in tutta Europa. Federica Mogherini è alto rappresentante per la politica estera e in un incontro con la stampa il nervosismo e la stanchezza hanno il sopravvento. Cede alle lacrime.

Come un avvoltoio su di lei si getta la leader di Fratelli d’Italia che accende Facebook e scrive questo post durissimo: «Mi vergogno di essere rappresentata in Europa da

Federica Mogherini, alto rappresentante dell'Unione per gli affari esteri e la politica di sicurezza, che ieri è scoppiata a piangere durante la conferenza stampa sui fatti di Bruxelles. È il simbolo di un'Europa debole, molle e incapace davanti agli attacchi che subisce. Mi auguro che la Mogherini, dopo questa figuraccia, voglia dimettersi e lasciare il suo incarico a qualcuno che non alimenti il desiderio di conquista per la fragilità che dimostra in ogni occasione significativa. P.S. L'ultima che ha pianto durante una conferenza stampa è stata Elsa Fornero».

In questo post c'è tutta la vera Giorgia Meloni. Non quella finta, ipocrita, impostata del discorso lituano. C'è la Giorgia Meloni che aggredisce altre donne perché piangono. Mentre lei usa le lacrime per suscitare commozione. E usa le lacrime della Mogherini per chiederne le dimissioni. Lei, che non pretende le dimissioni di nessuno dei suoi sgangherati collaboratori, chiede le dimissioni degli avversari perché, in un momento di grande emozione, non riescono a trattenere le lacrime. E alla fine l'ironia su Elsa Fornero che in quel momento era il punching ball preferito dalla destra perché aveva osato fare una riforma delle pensioni che Salvini e Meloni consideravano troppo dura verso i lavoratori e che il loro governo ha reso ancora più dura. A Fornero dovrebbero chiedere scusa in ginocchio sui ceci tutti i membri dell'attuale governo, ma non è questo il punto.

Il punto è che Giorgia Meloni influencer usa le lacrime per sé e contro le altre donne. E la strumentalizzazione delle emozioni umane mi fa orrore. Perché dimostra che non credi nei valori di cui parli, ma sei pronta a passare sopra tutto e tutti pur di avere un punto in più nei sondaggi.

Ma questo è tipico di Giorgia Meloni: forte con i deboli, debole con i forti. Per anni tuona contro la politica estera di

Obama-Biden, poi, quando diventa premier, si sdraia sulle posizioni di politica estera dei democratici americani. Ma quando vince Trump e lei interviene in video, nel febbraio 2025, alla conferenza dei conservatori, il suo è il tipico gesto del calcio dell'asino. Dopo aver annuito in tutti gli incontri pubblici con Biden, Meloni, pur di farsi amico Trump, dice: «Sono sicura che con Trump non vedremo più scene vergognose come quelle del ritiro dall'Afghanistan». Sottotitolo: voluto da Biden.

Ora, è bene essere chiari: quando l'amministrazione Biden ha lasciato Kabul ai talebani io – che pure facevo parte della coalizione di maggioranza che sosteneva il governo Draghi – mi sono alzato in Senato e ho detto parole durissime contro gli amici americani, accusandoli di aver compiuto un errore storico e di aver tradito la parte migliore dell'Afghanistan: le giovani donne. Piange il cuore a pensare che quelle ragazze sono oggi rinchiuse nei burqa, abbandonate dall'Occidente, allontanate dalle università. Giusto e doveroso criticare Biden. Nel mio piccolo l'ho fatto in aula, a viso aperto, a voce alta. Ma va fatto sempre, non solo quando Biden perde il potere. Certe cose vanno dette in faccia durante i meeting bilaterali, se si è statisti. Altrimenti si è solo dei piccoli e mediocri influencer di provincia.

E se poi vogliamo dirla tutta, i colloqui tra americani e talebani per lasciare Kabul non partono con Biden, ma si svolgono a Doha dal 2018 su impulso della presidenza Trump. Ma queste sono cose che riguardano chi ama la politica estera, non la Meloni. A lei basta sembrare sempre dalla parte giusta, come fanno le influencer. C'è Biden? Tutti zitti sull'Afghanistan, non risulta che lei abbia mai posto questo tema in un colloquio ufficiale alla Casa Bianca. Arriva Trump? E lei, coraggiosissima, solo allora attacca Biden.

Per me questa è pura mediocrità. Viltà. Meschinità. Passare

dal bacio in testa di Biden al bacio della pantofola a Trump è un carpiato triplo eccessivo anche per chi come me capisce la realpolitik. Non riesco ad apprezzare questo stile: amo i coraggiosi, non gli opportunisti.

Non riesco ad apprezzare questo stile: amo i leoni, non gli sciacalli.

Aiuta a spiegare perché, quando i democratici perdono le elezioni e Trump torna alla Casa Bianca, cambia tutto. Soprattutto tra Russia e Ucraina. E dunque la posizione della Meloni cambia. Non dico che torna al 2018 e al patriota Putin, ma certo abbandona il 2022 e l'amico Zelensky. Se cambia la posizione americana, cambia anche quella italiana: Meloni non concepisce la politica estera come una partita nella quale poter giocare anche in autonomia da Washington. Più che Fratelli d'Italia, sembrano i Cugini dell'Illinois. Alla faccia del sovranismo: il loro è vassallaggio a stelle e strisce.

Tra l'altro, e qui so di aprire una parentesi che affascina solo gli addetti ai lavori, Giorgia Meloni ha mosso i primi passi all'insegna dell'antiamericanismo. E molte delle persone cresciute con lei – e che hanno quasi tutte rimosso i vecchi post – avevano posizioni quasi da sinistra radicale su temi come il rapporto con gli americani e persino la causa palestinese. Giorgia Meloni, anche in questo, ha fatto capriole in quantità industriale.

Ma non mi scandalizzo. Ci sta, se uno lo spiega come frutto di una riflessione culturale, intellettuale, geopolitica. Invece la nostra presidente dà l'impressione di muoversi cercando l'onda, cavalcando l'una e l'altra posizione non sulla base delle idee, ma della convenienza politica del momento. E dunque, anche in questo caso, si riposiziona. Immediatamente. Prendendo le distanze dall'approccio molto più coerente di tedeschi, francesi e inglesi.

Ma non è che lo fa solo con i russi.

Vi ricordate la storia drammatica dei marò? Sotto il governo Monti due marò italiani vengono arrestati dalle autorità indiane. Sono accusati di aver ucciso due pescatori. La vicenda è particolarmente complessa dal punto di vista giuridico perché l'evento – che i nostri connazionali negano – si verifica in acque internazionali. Ma l'armatore decide di riportare la nave in porto dove i marò vengono arrestati. La folla è inferocita, qualcuno tenta persino di farsi giustizia da sé. Inizia un complicato rapporto diplomatico con il governo dell'India. Dopo i fallimenti dell'esecutivo Monti e dell'esecutivo Letta, noi riusciamo, con molta fatica, approfittando delle circostanze e dopo alcuni miei incontri con il primo ministro Modi e uno straordinario lavoro dei nostri funzionari del ministero degli Esteri, a riportare a casa i marinai Latorre e Girone.

Su questa vicenda Giorgia Meloni mette su un circo vergognoso. Accusa il governo di essere incapace, imbelle, imbarazzante. Mena con toni da barricadera sul rapporto con Modi. Quando il nostro ministro degli Esteri, Gentiloni, parla di «dialogo rispettoso con l'India» lei si infuria contro di noi. E contro l'India, per la quale evidentemente non dobbiamo avere rispetto. Verrebbe da chiedere: un Paese democratico detiene in custodia cautelare due tuoi uomini. Li vuoi riportare a casa. È ovvio che cerchi un «dialogo rispettoso». Che alternative hai? Dichiarare guerra a New Delhi? Invadere Mumbai? Arrestare illegalmente ogni indiano che arriva a Fiumicino? È ovvio che noi procediamo con saggia cautela per cercare di risolvere un inghippo diplomatico difficilissimo. E infatti otteniamo l'obiettivo di riportare a casa i connazionali, nonostante il quadro probatorio non semplice da affrontare. E otteniamo un grande successo diplomatico.

Giorgia Meloni, anziché darci una mano, ci attacca ogni giorno. Altro che rispetto per la nazione: la leader di Fratelli d'Italia si scaglia contro le istituzioni del suo Paese quasi tutti i giorni.

Basta riprendere i profili social di quei delicati mesi, un giorno a caso, per vedere quanto sia banderuola l'attuale premier. Scegliete un giorno qualsiasi ed entrate in un *mare magnum* di fake news e voltafaccia. Per esempio, il 17 dicembre 2014, nello stesso giorno, riesce a dare dei cialtroni ai membri del governo italiano sulla vicenda indiana e a chiedere di stoppare le sanzioni alla Russia. Due tweet come due sono le facce di questa statista a giorni alterni. Due tweet simili a mille altri ma completamente rimossi dalla storiografia della sorella della Garbatella. Il tutto inserito in una cornice di insulti personali senza fine. Il 18 dicembre il sottoscritto è definito uno che dovrebbe stare nel presepe a fare l'asinello, che è quasi blasfemo per chi ama il presepe; il 15 dicembre si parla del fallimento del semestre europeo guidato dal «gelataio di Firenze».

Scrivo queste espressioni per far capire il livello della propaganda meloniana, che mischia una politica estera da bar dello sport a una serie di ripetuti insulti alla persona: sia data la nostra solidarietà, innanzitutto, agli asinelli e soprattutto ai gelatai di Firenze. Peraltro è dai tempi del Buontalenti che nella città del giglio sappiamo fare un signor gelato, ma spiegare alla Meloni chi era Buontalenti, per gli amici Bernardo delle Girandole, è persino troppo. Magari, se una volta entra a Palazzo Pitti, lo apprezza.

E se poi guardiamo i risultati del semestre europeo notiamo che grazie alla vittoriosa battaglia da noi condotta contro i falchi del Nord (e l'estrema destra europea) sulla flessibilità, abbiamo ottenuto risorse per fare Industria 4.0, gli 80 euro, il Jobs Act con più di un milione di posti di lavoro, la cancellazione dell'Imu prima casa e molte altre misure che hanno aiutato l'Italia.

Mi auguro che chi guiderà il semestre di presidenza italiana nel 2028 possa ottenere risultati anche solo lontanamente paragonabili ai nostri. E dunque mi auguro che prima di quel semestre lì, Giorgia Meloni torni a fare l'unica cosa che sa fare: l'opposizione. Lavorerò pancia a terra per questo obiettivo.

Torniamo alla politica estera.

Quando Meloni diventa premier, con Modi non solo è il momento del dialogo rispettoso con l'India, ma molto di più: nasce il Melodi. Visti sui social alcuni sguardi complici tra i due, alcuni influencer indiani rilanciano con forza il tandem Narendra/Giorgia. E giocano sul nome Melodi. «Sono entrambi single,» mi spiega una volta a Mumbai un giornalista indiano «noi rilanciamo questa storia come fosse una fiction di Bollywood.» Niente di male, anzi, persino divertente. Ma che fine hanno fatto i commenti spregevoli, al limite del razzismo, contro gli indiani?

Noi che abbiamo lavorato in modo rispettoso per riportare a casa i nostri connazionali e far ripartire il dialogo commerciale con la più popolosa nazione del mondo ci siamo presi le contumelie di chi voleva che neanche parlassimo con New Delhi. E adesso assistiamo alla strana coincidenza per cui chi ha organizzato il massacro mediatico del nostro governo sembra *in love* con l'India. Come si dice in questi casi? Meloni gioca a... fare l'indiano. Finge di non capire. Ma sa che anche su questo tema si dimostra influencer e non statista.

Per non parlare delle contraddizioni e dell'ipocrisia di Giorgia Meloni nei confronti dell'Arabia Saudita. Premessa necessaria quando si parla di Riyad: io sono stato attaccato mediaticamente per anni perché ho sempre sostenuto – e lo sostengo a maggior ragione oggi – che l'Arabia Saudita è la patria di un nuovo Rinascimento. Gli investimenti in cultura, gli sforzi diplomatici, la capacità visionaria di una leadership giovane, la diversificazione dell'economia rispetto al petrolio, gli investimenti massicci in innovazione e ricerca, sono solo alcuni dei motivi che mi portano da anni a valorizzare il progetto di rinnovamento lanciato dal Crown Prince Mohamed Bin Salman, più noto come MBS. Per queste mie frasi sono stato accusato di tutto, dicendo che non conoscevo le condizioni di vita in quel Paese. E siccome ero l'unico a parlare con cognizione di causa, oggi mi aspetterei delle scuse a reti unificate. Che naturalmente non arriveranno. Invece continuo a ricevere richieste di amici per consigli su quale meta turistica visitare; oppure persone che allora mi insultavano in pubblico oggi mi chiedono qualche raccomandazione per fare business nella penisola arabica.

Qui c'è un problema che mi riguarda. Le cose bisogna dirle nei tempi giusti. Se le dici quando le dicono tutti, sei un populista. Ma se le dici troppo presto, nessuno ti giudica visionario, tutti ti considerano impopolare. Parentesi che forse aiuta a capire perché, nonostante negli anni abbiamo detto le cose giuste, siamo ancora più bassi di quanto dovremmo essere nei sondaggi.

Torniamo alla politica estera di Giorgia Meloni. È il 26 gennaio del 2025 quando Giorgia Meloni entra ad Al-Ula nella tenda di MBS, dove qualche anno prima si era accomodato anche Luigi Di Maio nella veste di ministro del governo Conte. Giusto per dire come i fatti spesso siano profondamente diversi dalla propaganda.

L'incontro è molto cordiale, il feeling ottimo e per l'Italia questa è una bellissima notizia. Al-Ula peraltro è un luogo meraviglioso, da visitare assolutamente. E per chi viene da Roma è particolarmente speciale: queste sono le terre più lontane che sono state conquistate dalla Città Eterna. Oggi sono le aziende italiane ad arrivare fino a qui per stringere accordi e lavorare. E molti iniziano a essere i turisti che ammirano la bellezza dell'Auditorium di Maraya o i resti delle magnifiche tombe che rendono questo luogo affascinante forse persino più di Petra.

Tutto bene, no?

Già. E che cosa aveva detto la Meloni gridando con la consueta foga contro i sauditi? Un sacco di fake news, in parte utilizzate per attaccare me, certo. Ma soprattutto utilizzate e rilanciate per ignoranza da chi studia la politica estera sui manuali di tuttologia pubblicati su Facebook. Le urla della Meloni contro i sauditi dalla Gruber, su Instagram, su Twitter, in Parlamento, non possono essere sintetizzate qui: meriterebbero un libro a parte. Limitiamoci a ricordare Adolfo Urso, attuale ministro dello Sviluppo economico (giusto per capire come siamo messi) e in passato sostenitore dei rapporti con l'Iran. Bene, Urso attaccava le mie considerazioni sull'Arabia Saudita dicendo che «Riyad è il regno dei morti». Correva l'anno 2019. Visto gli accordi che firma, ho l'impressione che Urso abbia cambiato idea. Meglio tardi che mai.

Ma a noi basta una frase che Giorgia Meloni pronuncia ad Al-Ula per inquadrare il personaggio. Dopo avere detto nel 2019 che era una follia permettere al ministero della Cultura saudita di aiutare il Teatro alla Scala – finanziamento respinto dall'Italia con un gesto di rara stupidità –, che era sbagliato fare accordi con la Federcalcio saudita, che le donne non erano libere, Giorgia Meloni si era tuffata in una delle più sbagliate analisi geopolitiche sul Medio Oriente. Mentre io elogiavo Riyad perché, con la leadership di MBS, era diventata «un baluardo contro l'estremismo islamico», cosa che è condivisa da tutti gli analisti internazionali, Meloni mi insultava e spiegava che l'Arabia Saudita era una nazione fondamentalista. E che io non capivo nulla di politica estera.

La nostra presidente del Consiglio non è cattiva. Bisogna darle del tempo e poi ci arriva. Sono bastati cinque anni e Meloni va sotto la tenda di Bin Salman per firmare accordi economici, ma soprattutto di cooperazione su sicurezza e geopolitica. Perché, come dimostrano le vicende degli ultimi mesi, il vero soft power saudita non è solo legato al petrolio e alla cultura, allo sport e agli investimenti, ma a un posizionamento strategico nel nuovo ordine mondiale. O forse, verrebbe da dire, nel nuovo disordine mondiale.

Meloni fa l'ennesima giravolta. Oplà. E ci sta: se come dicono «cambiare idea è un segno di intelligenza» allora Meloni è un genio, se si pensa a tutte le volte in cui ha cambiato idea. Però basterebbe introdurre la conferenza stampa dicendo: «Vorrei scusarmi per le cose che dicevo qualche anno fa, purtroppo non avevo tutti gli elementi per conoscere le situazioni, sono stata superficiale». Sarebbe gradito anche un «Mi scuso anche con il mio amico Matteo Renzi. Non abbiamo le stesse idee politiche, ma riconosco che sull'Arabia Saudita aveva capito prima di me la situazione». E invece nulla.

Giorgia Meloni incontra i giornalisti e dice: «Sull'Arabia Saudita non ho cambiato idea, non c'è contraddizione con quanto dicevo prima». Ecco, questo per me è inaccettabile, questo è il trionfo dell'arroganza. Perché accetto che tu cambi idea. Capisco che tu non voglia riconoscere all'avversario che lui aveva ragione e tu torto, ci sta. Ma è assurdo che tu prenda in giro gli italiani dicendo che non hai cambiato idea. Dicendo che non c'è contraddizione. Perché questo va oltre l'essere «supponente» come scriveva Berlusconi. Qui c'è di più. C'è l'idea di pensare che tutti quelli che ti ascoltano siano dei fessi. Che tu possa prendere in giro tutti. «Non ho cambiato idea, non c'è contraddizione con quanto dicevo prima.» Ma come si fa a sostenere una cosa del genere? Vi rendete conto che dire una cosa del genere si può fare solo partendo dal presupposto che gli italiani siano una massa di pecoroni che si beve tutto?

Ecco l'influencer: «Non ho cambiato idea, non c'è contraddizione con quanto dicevo prima».

Ma ancora di più l'influencer mostra il suo volto quando organizza il G7. Cioè il massimo vertice mondiale, il club più esclusivo al mondo. L'Italia della Meloni ospita gli altri Paesi nel giugno del 2024 nella meravigliosa cornice di Borgo Egnazia, in Puglia.

Gli argomenti sono delicatissimi. Bisogna cercare di chiudere la guerra tra Ucraina e Russia, bisogna fare la pace in Terra Santa, bisogna dare serenità al Sud-Est asiatico. E poi ci sono le sfide dell'innovazione tecnologica, che sono dirompenti per la sanità, per lo spazio, per la vita quotidiana dei lavoratori. Insomma, un'agenda ricca di contenuti.

Meloni fa per l'ennesima volta quello che è capace di fare meglio: sceneggia un set per gli operatori della comunicazione. E anche se non porta a casa un solo risultato che sia concreto, il G7 è mediaticamente un trionfo.

Sapete qual è l'immagine top? Quella del papa che in golf car raggiunge con la premier gli altri leader globali per discutere di intelligenza artificiale, radicale rivoluzione ontologica. E dunque è davvero un gran colpo quello di portare per la prima volta il sommo pontefice a un G7. Geniale pensarlo, geniale realizzarlo con le immagini di Francesco che si muove tra gli ulivi, geniale presentarlo ai media come un grande momento di confronto sull'intelligenza artificiale. L'influencer merita dieci e lode.

Poi uno si domanda: ma che risultati ha prodotto il G7 sull'intelligenza artificiale? Che cosa è cambiato il giorno dopo il summit? Quali scelte concrete hanno fatto i leader? Che cosa ha deciso di mettere in campo il governo italiano?

Queste però sono domande da politici, non da influencer. L'influencer fa contenti i media. Il politico deve fare contenti i cittadini. Ma i media vogliono i like subito. I cittadini devono aspettare anni per vedere i risultati. E allora chi se ne frega dell'intelligenza artificiale. L'Italia fa il summit del G7 su quello, ma poi non caccia un euro.

E quando si fa il vero vertice internazionale sull'intelligenza artificiale, si organizza... a Parigi. Non ci sono ulivi, non c'è il papa, ci sono meno fotografi. Però ci sono 109 miliardi di euro che Macron mette per fare della Francia una nazione all'avanguardia sull'intelligenza artificiale. Trump aveva già annunciato i primi 500 miliardi di dollari liberati dall'ecosistema americano. Mentre Von der Leyen annuncia a nome dell'Unione Europea 200 miliardi di euro.

E che cosa dice la Meloni a Parigi? Nulla. Per due motivi. Il primo perché non sa che cosa dire. L'Italia è indietro sull'intelligenza artificiale, i geni si sono fermati a Borgo Egnazia. Ma il secondo motivo è ancora più interessante. Meloni a Parigi non dice nulla perché non ci va. Non può dare questa soddisfazione a Macron. E manda Urso. Che già detta così fa ridere: Urso che va a parlare di intelligenza artificiale.

Già, Urso e l'intelligenza artificiale. Racconto un episodio per far capire la lungimiranza di questo ministro, già ampiamente dimostrata dalla frase sul «regno dei morti» e sull'amicizia con l'Iran. Un mio fraterno amico, Marco Carrai, decide, nel 2023, di fare una piccola scommessa sull'intelligenza artificiale. Conosce in Israele Arkady Volozh, uno straordinario imprenditore che aveva creato la Google russa, chiamata Yandex. Quando la Russia invade l'Ucraina, il governo di Putin si prende Yandex e Volozh lascia Mosca. Deve ripartire da capo e cerca un Paese in Occidente in cui trasferire qualche centinaio di ingegneri, assumere nuovi talenti e ripartire con un grande progetto sull'intelligenza artificiale.

Marco vede l'opportunità e convince Arkady a trasferire i suoi talenti a Firenze. Seicento assunzioni, progetto globale, obiettivo la quotazione a New York.

Parte l'operazione e arriva il veto di Urso, che usa il *golden power* contro questo disegno. La motivazione ufficiale è legata alla guerra in Ucraina, che pure Volozh aveva criticato e dopo la quale aveva lasciato Mosca. Il camerata Adolfo è irremovibile: *golden power*, il cui esercizio viene anche pubblicamente rinfacciato in aula al Senato contro Italia Viva. Come se Carrai fosse un dirigente di partito e non un imprenditore. Ma chi è amico di Renzi, con il governo Meloni, gode sempre di un'attenzione speciale, grazie davvero.

Perché cito questa storia? Perché Carrai rinuncia al progetto, liquida la società e amen. Volozh invece non rinuncia al progetto. Va in Olanda. Perché l'Olanda – molto più dura con Putin di noi – accoglie a braccia aperte i seicento ingegneri. Il ministro olandese non la pensa come Urso. Non mette il *golden power*. E sapete che cosa succede? La società di Volozh, Nebius, si quota in borsa a New York e oggi capitalizza circa 9 miliardi di dollari. Insomma: grazie al fiuto e all'intuito di Urso un'azienda che poteva essere basata in Italia adesso è in Olanda. Assume talenti da tutto il mondo. E vale al Nasdaq quasi 10 miliardi di dollari. Viva l'Italia che sa riconoscere l'intelligenza artificiale, allora. E viva l'Italia che sa riconoscere anche la stupidità naturale.

Questo è un governo di influencer.

In Africa ci riempiamo la bocca sul Piano Mattei. Una bellissima idea da comunicare all'estero. Ma nessuno ha mai notato che il Piano Mattei non è altro che una collazione di progetti già lanciati nel tempo. Non è un documento, è un hashtag. È una sintesi di ciò che abbiamo iniziato a fare in Africa fin dal lontano 2014, da quando abbiamo cambiato l'amministratore delegato di Eni, scegliendo non a caso il dottor Descalzi, amichevolmente definito Claudio l'Africano.

Ma il vero capolavoro di Giorgia Meloni è stata la gestione mediatica della liberazione della brava giornalista de *Il Foglio* e di Chora media, Cecilia Sala.

Conosco Cecilia da diversi anni, pur essendo lei giovanissima. L'ho pure intervistata, in un rovesciamento di ruoli, alla scuola di formazione politica di Italia Viva a Ponte di Legno nell'agosto 2021. Quando, il 27 dicembre 2024, apprendiamo, da un messaggio WhatsApp del sottosegretario Alfredo Mantovano, qualche minuto prima del lancio delle agenzie, che Cecilia è stata incarcerata dagli iraniani nella terribile prigione di Evin, il sangue mi si gela nelle vene. Rispondo a Mantovano: «Ricevuto. Pieno sostegno».

Ho fatto il presidente del Consiglio. Ho vissuto diverse vicende analoghe. So che è fondamentale che le istituzioni parlino con una voce sola.

Piano piano iniziano a chiarirsi i contorni della vicenda. Cecilia va in Iran prima di Natale, regolarmente autorizzata. Su richiesta degli americani l'Italia arresta un ingegnere iraniano il 17 dicembre. Si chiama Mohammad Abedini e ha 38 anni. È accusato di essere una figura di spicco del sistema di droni iraniano. L'Fbi verga 36 pagine di accuse contro di lui senza mai citare rapporti con l'Italia. Dunque il nostro Paese non ha alcun interesse diretto a fermare Abedini, ma svolge l'azione solo sulla base della richiesta statunitense.

In quelle ore la rivista *Formiche*, da sempre vicina all'intelligence, ma soprattutto agli americani, pubblica un articolo illuminante. Lo firma Gabriele Carrer e si intitola «Cosa sappiamo dell'arresto dell'iraniano fermato a Milano su mandato Usa».

E l'articolo finisce così, con un pezzo che va letto e riletto.

«L'arresto in Italia e la richiesta di estradizione delle autorità americane hanno fatto alzare la guardia sulla situazione degli italiani e degli italo-iraniani in Iran e di quelli intenzionati a viaggiare nel Paese. Si teme che Teheran possa reagire prendendoli in ostaggio per mettere pressione all'Italia chiamata a decidere sull'estradizione negli Stati Uniti. La cosiddetta diplomazia degli ostaggi non è una novità per l'Iran. Un recentissimo rapporto dell'Institut français des relations internationales evidenzia come Teheran utilizzi la detenzione di cittadini occidentali, doppi cittadini o cittadini iraniani residenti in Europa, Australia o Stati Uniti come leva nei negoziati diplomatici. Il tutto, proprio per esercitare pressioni per ottenere concessioni politiche, economiche o diplomatiche all'interno della strategia di risposta asimmetrica di Teheran.»

Mentre questo pezzo va online, Cecilia Sala è l'italiana di maggiore spicco presente in Iran. È una giornalista. Ha un regolare visto. È autorizzata a stare in Iran. Ma io mi domando: se quelli di *Formiche* scrivono quello che avete appena letto, possibile che alla Farnesina non ci sia nessuno che dia l'alert? Possibile che nessuno segnali alla nostra struttura di Teheran: «Ragazzi, occhio, qui può succedere un pasticcio»? Non mi aspetto molto da Tajani che – come vedremo nel prossimo capitolo – si trova molto più a suo agio quando si occupa di sagra dell'uva a Marino che quando guida le nostre feluche. Ma come è possibile che a nessuno venga in mente di mettere in sicurezza Cecilia? Che si fa? La prossima volta trasferiamo l'intera redazione di Formiche alla Farnesina?

La «diplomazia degli ostaggi» non è un'invenzione last minute del regime iraniano. È una costante in casi del genere. E Cecilia è la vittima perfetta. Nulla. Le istituzioni italiane si fanno una beata dormita. Nessuno fa nulla. In quelle ore un Paese che funziona prende Cecilia e la chiude in ambasciata. Per poi scortarla con i carabinieri a disposizione dell'ambasciatore fino all'aeroporto. O meglio ancora, utilizza un volo della Cai, la compagnia dei servizi segreti, quella divenuta tristemente famosa per aver riportato il criminale Al-Masri in Libia, come racconteremo tra poco. L'Italia dorme, l'Iran no. Puntuale come un metronomo svizzero, il regime procede. Cecilia Sala viene prelevata in albergo e portata nel carcere di massima sicurezza di Evin.

Chi conosce un po' di storia iraniana sa che quella struttura è per definizione una delle più atroci al mondo. Violenze di ogni genere, torture anche psicologiche, isolamento.

Per una settimana il governo fa finalmente la cosa giusta. Impone il silenzio. Dal 20 dicembre 2024, complice il Natale, nessuno sa nulla di Cecilia, a parte ovviamente i suoi affetti e la sua redazione. Ma tutti tengono rigorosamente riservata la notizia. E fanno bene.

Quelli sono i giorni in cui si può chiudere l'operazione. C'è da fare una sola cosa. Mandare un dirigente dei nostri servizi segreti laggiù e stringere l'accordo con gli iraniani. Loro ci danno la nostra giornalista, noi diamo il loro ingegnere. Punto. Finisce qui.

È uno scambio ingiusto? Sì, è uno scambio ingiusto. Cecilia non ha fatto nulla. Ma con i regimi autoritari gli accordi sono sempre ingiusti. Uno Stato fa i compromessi. L'importante in questi casi è fare presto.

E invece nulla. Per una settimana la notizia è silenziata, ma Cecilia resta in carcere.

Quando l'arresto diventa di dominio pubblico la situazione si ingarbuglia. Perché uno scambio di questo genere funziona meglio senza visibilità. Liberare uno su cui pende un mandato di cattura americano è meno facile quando i media di tutto il mondo tirano fuori la notizia.

L'Italia sbaglia nei due giorni prima dell'arresto di Cecilia. L'Italia sbaglia nella settimana in cui potrebbe chiudere l'accordo a cavallo di Natale. Ma noi sosteniamo il governo e nessuno fa notare le contraddizioni: la priorità è riportare a casa Cecilia.

Dal 27 dicembre fino a Capodanno capiamo poco. Il ministro Tajani dà messaggi rassicuranti. Dice che l'ambasciatrice italiana ha portato un pacco di prima necessità in carcere e che questo pacco è già consegnato a Cecilia. Dice che Cecilia sta bene. Dice che non dobbiamo parlare di isolamento, ma di «cella singola» come «atto di rispetto» per non farla stare con detenute «che non parlano inglese o italiano».

Chi conosce la tortura psicologica sa che cosa significhi l'isolamento in quelle circostanze. La stessa Sala – una volta libera – spiegherà la gioia provata quando, dopo diversi giorni, finalmente aveva avuto una compagna di cella. Eppure Tajani minimizza: non parlerei di isolamento, ma di cella singola come atto di rispetto. Come se il carcere di Evin fosse un albergo in cui è preferibile la singola rispetto alla doppia.

Ci mordiamo la lingua, nessuno di noi commenta le frasi di Tajani. Anche se stentiamo a crederci è pur sempre il ministro degli Esteri. E noi dobbiamo difendere le istituzioni per riportare a casa Cecilia.

La sera di Capodanno le agenzie battono la notizia di una disperata telefonata concessa dal regime a Cecilia e indirizzata al compagno Daniele e alla famiglia. Lei non sta per niente bene. La situazione è drammatica. E chi ascolta – dopo la liberazione – il podcast di Cecilia si rende conto della gravità della situazione.

Leggo la notizia. E nel rispetto della prudenza istituzionale, senza attaccare nessuno, chiediamo che la premier prenda in mano la situazione. Anticipo come sempre per correttezza la nostra richiesta a Mantovano il 2 gennaio alle 9.42. Questo il mio WhatsApp: «Le frasi di Tajani sulla detenzione di Cecilia stridono con ciò che hanno riportato oggi i giornali. Vi chiediamo riunione tavolo premier/opposizioni come facevamo regolarmente quando eravamo noi a Chigi. Scegliete se con leader o capigruppo». Mantovano mi risponde «Riferisco a Giorgia». Poi sparisce. Riappare invece la premier e questo è un bene. Giorgia finalmente prende in mano il dossier. Solo che non riunisce le opposizioni, ma toglie la gestione del caso a Tajani e finalmente incarica l'Aise (Agenzia informazioni e sicurezza esterna). Non convoca a Chigi le opposizioni, gesto molto poco istituzionale, ma la mamma di Cecilia, gesto umano e comunque apprezzabile. Nel frattempo una già preventivata visita a Mar-a-Lago dal presidente eletto Trump diventa l'occasione per raccontare ai media italiani che c'è una svolta sul caso Sala, quando l'unica svolta è che finalmente si è deciso di trattare con gli iraniani come si poteva fare fin dal 20 dicembre.

Questa idea che per scambiare una giornalista italiana in cella a Evin con un ingegnere iraniano detenuto a Bollate si debba fare un salto in Florida è un po' provinciale. La visita a Mar-a-Lago rientra nella costruzione di un rapporto con Trump ed è un fatto positivo. Ma in quelle ore l'amministrazione americana è ancora quella a guida Biden. E comunque lo scambio di ostaggi lo fanno tutti i governi americani con qualsiasi dittatura, in tutto il mondo. Perché non dovremmo farlo noi? E infatti lo facciamo. Bene, perché i nostri servizi hanno una grande esperienza in questo campo. Il già previsto viaggio in America serve come copertura mediatica, la sostanza è che il 7 gennaio il direttore dell'Aise, Caravelli – che conosce il suo lavoro e sa come si fa – raggiunge Teheran e porta a casa Cecilia.

Tajani, come al solito, è quello più sul pezzo di tutti e infatti dichiara: «Non c'è nessuno scambio con Abedini». Dopo tre giorni l'ingegnere iraniano è liberato dalle carceri italiane perché Nordio lo fa (giustamente) scarcerare. La vera domanda è: Tajani fa così perché le cose non gliele dicono o fa così perché pensa di essere il più ganzo di tutti e di poter prendere in giro sempre gli italiani?

Anche un bambino di quarta elementare, se messo a conoscenza della verità delle trattative, sa che questo non è un capolavoro diplomatico: è una normale trattativa.

Abbiamo ceduto al ricatto iraniano.

E diciamolo: abbiamo fatto bene.

Spesso cediamo ai ricatti, quando c'è da riportare a casa un ostaggio innocente.

Ma è ovvio che c'è lo scambio con Abedini.

Chi dice: «Non c'è nessuno scambio con Abedini» o mente o non capisce. Dunque il nostro ministro degli Esteri, Tajani, o mente o non capisce. Non mi riesce di decidere quale opzione mi tranquillizzi di più.

Quindi benissimo l'operazione del governo con gli iraniani, brava l'Aise. Vogliamo fare una critica al governo? Potevano farlo quindici giorni prima. Ma lo hanno fatto. E allora tutti diciamo: «Bravo governo». Come sempre devono fare le persone per bene.

Quando la vicepresidente del Senato, Maria Domenica Castellone, annuncia che Cecilia è sul volo che la sta per riportare a Ciampino, tutti in aula ci uniamo alla gioia. Intervengo anche personalmente. Ringrazio il presidente della Repubblica Sergio Mattarella che nel messaggio di fine anno ricorda Cecilia. Ringrazio la presidente del Consiglio. Tutti i ministri. I servizi. La Farnesina. Tutti. In una democrazia seria si fa così. Quando noi abbiamo riportato a casa degli ostaggi la Meloni non si è mai congratulata. Ma noi siamo diversi. E siamo fieri di essere diversi da lei.

Però quando arriva Cecilia in Italia parte lo show.

Palazzo Chigi trasforma la liberazione di Sala in un trionfo diplomatico. Altri governi avevano gestito vicende ben più complesse. Romano Prodi prova civilmente a raccontare la storia di Daniele Mastrogiacomo di *Repubblica*, che il suo governo aveva riportato a casa dando il merito ai diplomatici e non ai politici. I giornali di destra celebrano il Giorgia Meloni day. Autorevoli commentatori di sinistra parlano di «miracolo» sul *Corriere*. La bava dei supporter supera il livello di guardia in Rai.

Il giorno dopo la liberazione, Giorgia Meloni affronta la conferenza stampa di fine anno anche se siamo già a gennaio. È la famosa conferenza stampa delle formiche, di cui ho parlato all'inizio. Ma, a proposito di formiche, non c'è nessuno che chieda alla Meloni perché il governo non abbia letto l'alert del giornalista di *Formiche* del 17 dicembre. Nessuno che chieda alla Meloni conto delle dichiarazioni di Tajani sulla cella singola e sul categorico «nessuna correlazione con Abedini». Dichiarazioni che gridano vendetta, tanto sono miopi e false. Nessuno che chieda nulla alla Meloni che viene santificata.

Capite che cosa succede quando siamo governati da influencer e non da politici?

Berlusconi, Prodi, nel mio piccolo anch'io: tutti noi abbiamo riportato a casa ostaggi. Eppure mai sono andato a fare passerella a Ciampino o ho preteso di ricevere i ringraziamenti. I momenti della liberazione, della telefonata ai genitori o alla famiglia, dell'abbraccio all'aeroporto, sono momenti di vita incancellabili. Quando dici a una mamma che suo figlio è finalmente in mano italiana e la senti piangere, singhiozzare, urlare, ti sembra di assistere come a un travaglio, come a un nuovo parto. Perché è vita che ricomincia, è mistero che rinasce. Porterò sempre nel mio cuore le cose che mi hanno detto le persone coinvolte in vicende così drammatiche, le famiglie, gli amici. Le emozioni della liberazione degli ostaggi restano tra i ricordi più belli della mia esperienza di premier. Dunque capisco il coinvolgimento anche emotivo. Ma sfruttare scientemente una vicenda che non è un capolavoro diplomatico, ma un semplice e doveroso cedimento al ricatto iraniano, per giustificare l'apologia del melonismo, dice molto di come sia messa male la politica italiana. E soprattutto di come sia messo malissimo il giornalismo nostrano.

Non è finita qui. Il giorno dopo il trionfo, Fratelli d'Italia aizza sulle pagine ufficiali i propri follower ad attaccare l'opposizione. Non solo Maurizio Belpietro, direttore de *La Verità* titola che devo tornare a cuccia, ma i commenti offensivi che riempiono le pagine social del partito della premier sono oltre il codice penale. E nessuno che li moderi, ovviamente, nessuno che li fermi. Perché la vicenda Sala serve all'influencer per guadagnare punti nei sondaggi e attaccare, al solito, l'opposizione. Ma davvero abbiamo una leader capace di maneggiare i dossier di politica estera?

Passano appena dieci giorni e la realtà si incarica di dare una risposta. 18 gennaio 2025. Ventunesima giornata del campionato di calcio di Serie A. Due tra le squadre più famose al mondo, Juventus e Milan, si affrontano a Torino in un match importante anche se i due club stanno disputando una stagione al di sotto delle aspettative. In cinque minuti, nel secondo tempo, i bianconeri segnano due volte e portano a casa i tre punti. I tifosi juventini tornano a casa felici. Tra di loro, sconosciuti ai più, ci sono anche quattro cittadini libici. E fin qui niente di strano: la Juve ha avuto anche un famoso sponsor libico, la Tamoil. E la serie A mantiene una certa *allure* nei Paesi nordafricani e mediorientali, nonostante il calo di questi ultimi anni. Che quattro cittadini libici siano andati a vedere la partita non sorprende.

Ma il loro risveglio, il 19 gennaio, non sarà dei migliori.

Un'operazione della Digos, infatti, porta all'arresto di uno dei quattro, chiamato Njeem Osama, ma più noto come generale Al-Masri.

Su Al-Masri pende una richiesta di arresto della Corte penale internazionale che l'Italia esegue grazie alla bravura delle proprie forze dell'ordine. Ma perché questo personaggio è così importante? Perché molteplici testimonianze lo indicano come uno dei capi del racket del traffico di esseri umani e personalmente responsabile di omicidi, torture e stupri. E i documenti della Corte penale internazionale paiono inchiodarlo.

Per l'Italia di Giorgia Meloni questo arresto è un gran colpo. Infatti la presidente del Consiglio, in più di una circostanza, ha sottolineato come l'obiettivo del suo governo sia quello di dare la caccia ai criminali che gestiscono il traffico di uomini. Tutta la retorica di Meloni è più o meno questa: la sinistra fa entrare i migranti perché è attratta dal business dell'accoglienza. Io blocco questo sistema a monte, impedendo le partenze e dando la caccia ai criminali.

Al punto che dopo la terribile tragedia del febbraio 2023, al largo di Cutro, con quasi cento morti, di cui in larga parte bambini, è proprio una commossa Giorgia Meloni a utilizzare parole roboanti e definitive: «Daremo la caccia ai trafficanti di uomini in tutto il globo terracqueo».

Il globo terracqueo. Capito la Giorgia? Lei sì che è forte. Lei va a prendere i criminali che sfruttano il racket su tutto il globo terracqueo. Mica pizza e fichi.

Poi accade che due anni dopo queste parole così impressionanti arrestiamo – quasi per caso – uno dei più feroci trafficanti di uomini, uno dei più importanti. Se davvero, come spesso dicono i Fratelli d'Italia, chi gestisce il racket dell'immigrazione è un mafioso, possiamo ben dire che Al-Masri è il boss dei boss.

E pensa che fortuna, la sora Giorgia. Non ha nemmeno bisogno di andare per tutto il globo terracqueo per catturarlo. Basta seguirlo allo Juventus Stadium e, *zac*, la Digos procede.

Quando il governo sa che è stato arrestato Al-Masri a Roma scende la notte.

Uno dice: «Ma come? Avete preso il ricercato numero 1, magari adesso la Meloni fa una conferenza stampa con il capo della polizia e attribuisce un'onorificenza speciale ai ragazzi della Digos».

No. Scatta il panico nei palazzi. Questo Al-Masri non andava arrestato, spiegano a Giorgia. Dobbiamo trovare il modo di liberarlo subito. Sarebbe interessante capire chi si muove. I servizi? Qualche azienda che ha grandi interessi in Libia? Qualcuno interessato al silenzio di Al-Masri, hai visto mai che quello dal carcere parli? O forse tutti costoro? Non lo sapremo mai. Loro lo sanno benissimo, ma nessuno ha voglia di dirlo, perché la consegna del silenzio da Palazzo Chigi è ferrea.

E qui parte il caos. Come fai a liberare uno accusato di aver fatto stuprare bambini di cinque anni? E soprattutto perché? In una democrazia compiuta, se hai un interesse nazionale, superiore, devi spiegarlo ai cittadini.

Al-Masri ricatta qualcuno?

Al-Masri rallenta le partenze dei migranti d'accordo con le strutture italiane?

Al-Masri garantisce la sicurezza dell'Eni in Libia?

Al-Masri ha ricevuto soldi italiani?

Sono domande legittime cui solo la premier può dare una risposta.

E se la cosa è molto riservata e foriera di mille problemi per la sicurezza nazionale, la premier può apporre il segreto di Stato. E dire: «Liberiamo Al-Masri per interesse della nazione. Appongo il segreto di Stato. Quando scadrà il tempo previsto dalla legge, capirete perché l'ho fatto».

Ai puristi che mi stanno leggendo: lo so, non è bello pensare che ci sia un interesse nazionale che porta a liberare un criminale. Ma nel governo del Paese capita di fare compromessi. Non è bello, non è frequente, non è giusto. Ma capita.

In democrazia, però, si deve sempre rendere conto a qualcuno. E quindi se vuoi mettere il segreto di Stato devi seguire una procedura. E devi metterci la faccia davanti al Parlamento. Perché il Parlamento è la casa della democrazia.

È chiaro che se fai così è perché hai un accordo con ciò che Al-Masri rappresenta. Altri governi hanno fatto accordi con la Libia e con le tribù libiche. Sono accordi pesanti, lo sappiamo. Non critico chi li ha fatti. Mi limito a dire che quando li hanno proposti a me, io ho detto no. Punto. E con me questi accordi non sono stati firmati. Il primo, infatti, è siglato nel 2017, dopo il referendum costituzionale che mi ha portato alle dimissioni.

Io posso parlare a voce alta e guardando negli occhi tutti gli altri perché non ho firmato quel tipo di accordi. E ciò nonostante posso capire la ragione di Stato, se qualcuno la spiega nelle sedi istituzionalmente preposte. Ma Meloni scappa, rifiuta di venire in Parlamento e parla solo attraverso i giornalisti di fiducia: Nicola Porro, Bruno Vespa e i giornali della destra. Cui spiega che c'è un interesse nazionale alla liberazione di Al-Masri.

Insomma appena dieci giorni dopo la santificazione laica della grande leader che libera gli ostaggi dall'Iran e che tutta la stampa ha incensato come campionessa mondiale di diplomazia internazionale, al primo incidente di percorso il governo non sa che pesci prendere.

Nordio spiega che la liberazione di Al-Masri è figlia di un cavillo giuridico. Come no, la celebre mossa del cavillo. Guarda, strano però, mentre gli uffici del ministero della Giustizia studiano le carte e il tempo passa, campacavillo, un aereo della compagnia Cai, un aereo, insomma, pagato dai servizi segreti italiani, si muove da Roma a Torino ben prima che sia ufficiale la scarcerazione.

Hanno già deciso di rimandare Al-Masri in Libia.

E il bello (il brutto) è che lo rimandano con il volo pagato dal contribuente.

Per cui quando il trafficante di uomini atterra a Tripoli i suoi sostenitori, che dicono di essere stati avvisati per tempo dell'imminente scarcerazione del loro capo – per cui mentre Nordio dice ai giornalisti italiani che sta valutando, i torturatori libici conoscono già la verità – improvvisano un corteo di festa e di giubilo.

L'aereo che il sottosegretario Mantovano ha predisposto per Al-Masri non ha insegne. All'esterno l'unico segno di riconoscimento è un piccolo tricolore, che compare accanto all'accesso all'aereo. Quel tricolore viene immortalato in tutte le foto in cui i libici festeggiano il rientro a casa del criminale che la polizia italiana ha arrestato e che il governo italiano ha liberato. Il tricolore diventa una quinta naturale per scene squallide e vergognose. Il tricolore è disonorato dai Fratelli d'Italia mai ricattati come in questo momento dai (loro) compari di Libia.

Qual è il punto chiave di questa vicenda? Non sono le bugie che Nordio racconta al Parlamento o il dilettantismo di Mantovano che riesce nel capolavoro di esporre i servizi segreti a una figuraccia globale. No. Il punto chiave è che la grande e coraggiosa leader suprema se la dà a gambe. In Parlamento non viene. Si collega con Nicola Porro e parla di un non precisato interesse nazionale. Sceglie come avvocato difensore Bruno Vespa che, quotidianamente, tutte le sere in tv, per una settimana, va a dire che «tutti i governi hanno fatto cose sporchissime per la sicurezza nazionale». E cita il mio nome, a sproposito.

No, il mio governo non ha firmato nessun accordo con la Libia a differenza dei cinque governi successivi. E le modalità con cui i servizi hanno liberato gli ostaggi sono modalità su cui un Paese civile e serio rispetta il codice di condotta dell'intelligence e non parla in pubblico come fossimo al Bar dello Sport. Le istituzioni sono una cosa seria e non meritano di essere svilite per mezzo punto nei sondaggi. Quello che è certo è che se decidi di fare operazione *border line*, come uno Stato può e deve fare in alcuni casi, chi ci governa lo spiega – in modo impeccabile – nelle sedi istituzionali. Invece noi abbiamo i giornalisti amici della premier, tra cui Vespa, che giustificano la liberazione del criminale libico in nome del supremo interesse del Paese, ma nelle stesse ore i ministri nominati dalla premier, tra cui Nordio, vanno in aula a spiegare che la liberazione di Al-Masri non c'entra nulla con l'interesse nazionale, ma è figlia solo di un cavillo giuridico.

Il dramma qui non è solo che non sai se rispondere alle veline di palazzo o alle dichiarazioni in Parlamento. Il dramma è che nel momento della difficoltà la premier sparisce. Non mette la faccia lei. Dà indicazioni contrastanti. Perché non è una leader, tutto qui. E non a caso scappa in modo vile dal Parlamento, come dico in aula davanti alla sua poltrona vuota. Mi do un pizzicotto e mi dico: ma dove finiremo se a rispondere alle mie critiche in Parlamento non è la premier, ma i suoi amici giornalisti? Poi torno al punto.

La verità innegabile è che, al di là del segreto di Stato, del cavillo giuridico, del volo dell'intelligence, del ruolo della Digos, la vicenda Al-Masri segna uno spartiacque nella politica del Paese. Da questo momento Giorgia Meloni non può più parlare di caccia ai trafficanti di uomini. Tutto il suo storytelling sulla caccia ai criminali è finito, morto, sepolto.

L'influencer aveva una bella storia da raccontare: io, underdog, contro i poteri forti, fatta da sola, ho deciso di mostrare il mio coraggio e fare la guerra ai criminali.

Non solo è una raccomandata, sostenuta dai poteri forti, cooptata da Berlusconi e Fini. Ma nella vicenda Al-Masri dimostra di non reggere la tensione, di non avere il coraggio di affrontare l'opposizione e di essere sotto scacco di qualcuno. Che sia a Tripoli o a Roma, non sappiamo, ma qualcuno le ha impedito di fare ciò che aveva sempre detto di voler fare.

E quando andrà in tv a dire che vuole fare la guerra alla criminalità ci sarà sempre qualcuno – se lo invitano, si capisce, e se non lo censurano – che le dirà: ma con che faccia parli di criminalità tu che hai liberato il boss dei boss e lo hai riaccompagnato festante in Libia?

Sull'immigrazione clandestina Giorgia Meloni ha la stessa credibilità di un pagliaccio al circo. Perché tutta la sua narrazione è definitivamente morta. Per l'influencer Giorgia Meloni il caso Al-Masri è come il pandoro Balocco per l'influencer Chiara Ferragni.

Altro che caccia ai criminali per tutto il globo terracqueo. Persino quelli che arrestano a Torino li rimandano in Libia. E quando Giorgia Meloni grida ad Atreju 2024 che i centri per i migranti in Albania funzioneranno perché lei vuole combattere la mafia, dicendo che i trafficanti di uomini sono mafiosi, be', rimane vittima della sua stessa narrazione. Se chi commercia in traffico di esseri umani è un mafioso, allora aver liberato Al-Masri è stato il più grande regalo mai fatto alla mafia.

Ah, a proposito. I centri in Albania. Questo grande capolavoro diplomatico della statista *de' noantri*. L'Italia investe quasi un miliardo di euro per fare due centri migranti in Albania, sulla base degli accordi tra Edi Rama, primo ministro di Tirana, e Giorgia Meloni. Gli accordi tra Edi e Giorgia vanno ben oltre i centri migranti e sono cementati da un solido rapporto personale. Ma non è questa la sede per affrontare tale delicato tema.

Rimaniamo sull'immigrazione. Meloni sostiene che fare dei centri in Albania aiuta a bloccare gli sbarchi. Parla di effetto deterrenza. A me sembra di sognare. Un ragazzino che scappa dal Mali, attraversa il deserto, soffre nei lager libici, finalmente parte su un barcone, sfida la morte nel Mediterraneo, secondo voi dopo aver superato tutte queste drammatiche vicende si fa fermare perché rischia di arrivare a Durazzo anziché a Lampedusa? Ma chi ci governa ha idea di cosa vivono i migranti prima di arrivare in Italia? Può essere effetto deterrente un'intervista della Meloni che dice: «Occhio, anziché in Puglia vi portiamo in Albania?»

Talvolta mi domando quanto provincialismo ci sia in chi parla di queste vicende.

Comunque, ammettiamo che funzioni l'effetto deterrente.

Noi abbiamo stanziato quasi un miliardo di euro. Abbiamo inviato centinaia di carabinieri e poliziotti. E per lunghi mesi i centri rimangono vuoti. Perché? Perché la Meloni ha costruito queste strutture senza rispettare le leggi italiane ed europee. In un mondo normale uno chiederebbe i danni a chi ha partorito e imposto questa idea assurda. Perché i milioni del contribuente sono stati spesi per centri che non partono. In almeno quattro circostanze il governo prova a inviare qualche decina di migranti in Albania e subito un giudice annulla il provvedimento. E cosa fa la Meloni? Attacca la magistratura, anziché prendere atto che questo strumento non può funzionare.

L'esempio più eclatante della follia meloniana viene da una trasmissione televisiva albanese, intitolata *Piranjat*. Possiamo dire, non a torto, che sono *Le iene* d'oltre Adriatico. E due giornaliste albanesi riescono a mostrare che cosa accade nei centri avvicinando alcuni dei nostri militari di stanza in Albania. I quali sono espliciti: qui non facciamo niente. Senza accorgersi dei microfoni nascosti dalle giornaliste camuffate da ragazze del posto, i carabinieri e i poliziotti spiegano che passano le giornate nei resort a quattro-cinque stelle, a non fare niente, ad andare in sauna. Dove, da bravi italiani, invitano anche le ragazze albanesi.

Non so se ci rendiamo conto. Il governo del «legge e ordine», della sicurezza, della lotta alla criminalità lascia in Albania centinaia di carabinieri e poliziotti che potrebbero essere ben più utili nelle stazioni, nelle strade, nelle periferie delle città italiane, per aiutare ragazze e anziani, per controllare il territorio, per vigilare sul Paese. E li lascia lì a non fare niente, se non qualche sauna con le giornaliste albanesi.

Che poi basterebbe poco. Siccome noi non siamo come altre opposizioni, buone solo a dire dei no, faccio un intervento in Senato, poi un video su YouTube e persino un'intervista proprio a *Piranjat*. E dico: amici del governo italiano, ormai il disegno per il centro migranti è fallito. Avete speso centinaia di milioni di euro dei nostri soldi. Bene. Adesso facciamo una cosa intelligente. Trasformiamo questi centri migranti in strutture carcerarie per gli albanesi detenuti in Italia. Quegli edifici sono delle carceri. Noi spostiamo in Albania i duemila detenuti albanesi che abbiamo da noi. Recuperiamo spazi contro il sovraffollamento carcerario, avviciniamo i detenuti albanesi a casa loro, evitiamo lo spreco di soldi. A me sembra un'operazione perfetta. La propongo a Meloni convinto di avere una risposta positiva: finalmente l'opposizione dà una mano, non solo una critica. Meloni mi risponde: «Sì, l'idea è buona. Ma io voglio che i centri migranti funzionino e li farò funzionare fosse anche l'ultima cosa che faccio».

Quando la testardaggine è più forte della realtà, quando

l'ideologia è più importante della verità, ecco, allora, per un governo è l'inizio della fine.

Ciò che davvero farà la differenza, tuttavia, non è quello che è accaduto. La partita si gioca su quello che sta per avvenire. La sfida è il futuro.

Togliete dal campo ogni considerazione sulla Russia, sull'India, sull'Arabia Saudita. Cancellate pure la vicenda Al-Masri, se volete.

Servono leader, non influencer.

Nei prossimi mesi, Giorgia Meloni dovrà decidere che cosa fare di sé stessa, del suo governo e soprattutto del nostro Paese nei rapporti con l'Unione Europa alla luce del confronto – ruvido – che Bruxelles avrà con Washington. Perché la sfida che Donald Trump pone all'Europa è una sfida esistenziale. O ci svegliamo o saremo disintegrati. E possiamo reagire solo come Unione Europea. Perché se ci dividiamo e proviamo a fare singoli accordi siamo spacciati e annichiliti uno per uno.

La mia preoccupazione è che la nostra presidente del Consiglio affronti questo dossier con la stessa sgangherata superficialità con cui ha gestito i repentini cambi di casacca di questi mesi. Davanti alle sfide devastanti che l'approccio muscolare dell'amministrazione Trump pone all'Unione Europea e davanti alle oggettive difficoltà di un'Europa sempre più piccola dal punto di vista demografico, la mia preoccupazione è che l'Italia non giochi alcun ruolo. Se Giorgia Meloni vuole fare politica, è il momento di cambiare passo. Se è soddisfatta del suo ruolo di influencer ci sarà sempre un post giusto da fare, un tweet azzeccato, un reel virale. Ma i suoi sbalzi d'umore e il suo trasformismo culturale non ci porteranno lontano. Mentre i Paesi più importanti del mondo si confrontano in modo sin troppo acceso o Giorgia Meloni si mette a fare la statista o il suo balletto di idee assomiglierà sempre di più al *Valzer del moscerino*, in un tempo nel quale servirebbero sostanza, forza e profondità. Quella che i latini chiamavano *gravitas*. Che è l'esatto opposto dell'influencerismo della nostra premier.

Serviranno coraggio e statura politica. Ma servirà anche un'elaborazione intellettuale più pronunciata rispetto a ciò che abbiamo visto sino ad ora. Giorgia Meloni deve innanzitutto vincere le proprie antipatie personali e stringere un rinnovato rapporto con Germania e Francia.

Nel marzo 2014, ricordo bene che prima di un vertice bilaterale tra il nostro governo e il governo Merkel, Giorgia Meloni indisse una manifestazione politica a Roma per urlare dal palco: «Lo dico alla sorda Germania: noi vogliamo uscire dall'euro». Era il momento della crisi italiana sui mercati, io stavo cercando faticosamente di restituire fiducia e credibilità al Paese, il rapporto con la Germania era cruciale per non fare, come si diceva allora, «la fine della Grecia». E la grande statista che pensa alla nazione se ne esce prima del bilaterale Berlino-Roma con questa frase sulla «sorda Germania».

Si dirà: sono passati anni. Vero. Ma il tema di come costruire un rapporto con i tedeschi è più urgente che mai. Il nuovo cancelliere Merz viene da destra, ma non ha mai accettato di allearsi con gli estremisti di Alternative für Deutschland che tanto piacciono a Trump, Musk e Bannon. Meloni dovrà recuperare un rapporto con lui, che il giorno della vittoria elettorale ha detto: «Farò i primi viaggi nelle capitali più importanti del nostro progetto europeo, Parigi e... Varsavia». Come Varsavia? Da sempre le capitali più importanti per la Germania sono Parigi e Roma. Servirà un grande lavoro di recupero di credibilità. E non basteranno le foto con il sorriso al momento della stretta di mano: su queste Giorgia è imbattibile. Scherza, ride, viene bene nelle riprese ufficiali. Ma essere leader politici richiede uno sforzo in più rispetto all'essere fotogenici. Gli influencer vengono bene in foto, i politici pensano alle prossime generazioni. Se la Germania va in crisi per l'Italia è notte fonda. A differenza di quanto dicevano Salvini e Meloni dieci anni fa, infatti, il successo dell'economia tedesca ci sta a cuore. Perché interi pezzi di manifattura, soprattutto nel meravigliosamente produttivo Nord-Est, dipendono direttamente da alcuni Land tedeschi, a cominciare dalla Baviera. Se la locomotiva Germania si ferma, le carrozze italiane soffrono. Ecco perché Meloni non può essere sovranista, ma deve costruire alleanze solide: sulla manifattura, sul farmaceutico e sulle scienze della vita, sull'aerospazio, sulla difesa, sul *quantum computing* e sull'intelligenza artificiale.

Ma questi temi devono vedere il governo italiano dialogare in modo diverso anche con la Francia. Giorgia Meloni detesta sotto il profilo personale Emmanuel Macron. E anche se si sforza di non farlo vedere, in privato non perde l'occasione per evidenziare la sua lontananza dall'inquilino dell'Eliseo. Fin da quando era all'opposizione il livello del suo confronto culturale con la Francia e del rapporto istituzionale con il suo presidente era plasticamente espresso da tweet come questo: «Caro Macron, tieniti Saviano e ridacci la *Gioconda*».

Che povertà di pensiero, che banalità inquietante, che bassezza politica: ancora la *Gioconda*! E magari pensa pure di essere simpatica, si vanta dei like della sua gente.

Io me la immagino la squadra di Giorgia attorno a lei dopo che ha fatto questo sforzo culturale e messo in rete questo fondamentale pensiero sulla *Gioconda*. Me li immagino i suoi collaboratori correre a farle i complimenti: «Brava Giorgia», «Grande Pres», «Gliele hai cantate al francese», «Sulla *Gioconda* mi fai morire». Qualcuno, magari un Donzelli o un Delmastro qualsiasi, si saranno spinti oltre: «La prossima volta attacchiamo Macron anche sul bidet, dai». Perché questa è la qualità della squadra di Giorgia: un coro di adulatori che ridono a comando anche alle battute più mediocri. Lo vedremo meglio nel prossimo capitolo, quando affronteremo il tema dell'amichettismo e non del merito.

Noi abbiamo bisogno di andare oltre la *Gioconda* e il bidet, la testata di Zidane e il campanilismo su moda, formaggi e vino. Serve una politica europea altrimenti il conto lo pagano sia i francesi sia gli italiani.

È l'ora più buia per l'Europa dai tempi della Seconda guerra mondiale. Per la prima volta abbiamo una minaccia interna, la pigrizia, la burocrazia, la stanchezza di un popolo che si è abituato a stare molto bene senza fare fatica, e tante minacce esterne, ai nostri confini. Ma soprattutto per la prima volta pare tentennare l'asse di ferro che ha fatto dell'Alleanza atlantica il perno di tutte le nostre battaglie dell'ultimo mezzo secolo. Il repentino riposizionamento degli Stati Uniti è un campanello d'allarme per l'Europa, è una sveglia per Bruxelles, è un monito per i governi dell'Unione. Trump rappresenta il contrario di ciò che l'America è stata in questi decenni. E per quattro anni la Casa Bianca sarà rappresentata da questa amministrazione: noi non vogliamo tagliare il filo che ci lega oltre oceano perché il rapporto con Washington è più forte di qualsiasi bufera e di qualsiasi maggioranza. Ma sappiamo anche di non poter contare più sulla sponda statunitense nelle stesse forme e modalità con cui tutto ciò è avvenuto sino a oggi.

Entriamo in una pagina di storia nuova. Ricca di rischi, ma anche di opportunità. L'Europa deve decidere se giocare un ruolo da protagonista o limitarsi a guardare il nuovo ordine mondiale che si costruisce senza di noi, se non contro di noi.

Il primo ministro inglese, Starmer, sta provando a restituire un ruolo internazionale al suo Paese, dopo il clamoroso autogol della Brexit. E lo fa cercando di guidare una reazione alle sortite di Trump che sia di dialogo, ma non di subalternità.

Il presidente francese, Macron, ha offerto lo scudo nucleare transalpino a tutta l'Europa con un'operazione che, comunque vada, segna una svolta anche nella storia, non sempre coerente, della difesa francese.

Il futuro cancelliere tedesco, Merz, si accinge a giocare un ruolo di primo piano nella ripartenza tedesca, ma anche nella visione europea: senza Berlino l'Europa non è semplicemente più debole, ma proprio non c'è.

I tentennamenti e le incertezze di Giorgia Meloni costituiscono un problema. L'Italia, da sola, non va da nessuna parte. Il sovranismo fa male al Paese dell'export, dei navigatori, dei cittadini del mondo. L'Italia politica deve costruire una proposta politica nuova, insieme ai partner di Bruxelles.

Giorgia Meloni influencer era quella che voleva uscire dall'euro e faceva battute sulla *Gioconda*. La Giorgia Meloni politica può e deve cambiare passo. Sempre che esista una Giorgia Meloni politica.

Non basterà correre a riposizionarsi per fingersi amica di Bannon, poi di Biden, poi di Musk, poi di Trump e domani chissà di chi. Definiremo chi siamo non sulla base delle amicizie che vantiamo sui social, come adolescenti insicuri, ma sulla base delle nostre idee. Quali sono le idee che l'Italia vuole affermare sull'innovazione tecnologica, sulla difesa comune, sull'educazione e sulla cultura? Oppure il governo si limiterà a proporre di organizzare convegni e vertici come il G7, in cui tutta la sceneggiatura è perfetta, il catering ottimo, le luci meravigliose. Ma gli accordi politici, poi, si fanno da un'altra parte.

Tra le attività che ho la fortuna di svolgere in questi mesi c'è quella di *senior advisor* per il Tony Blair Institute, un'organizzazione guidata dall'ex primo ministro britannico che si occupa di aiutare i politici, i capi dei governi, i ministri a governare meglio. A mettere a terra le idee. A sviluppare la propria leadership. È un'esperienza molto bella, anche se la situazione di oggi è molto diversa da quella di quando io stavo a Palazzo Chigi, dieci anni fa, e ancora di più da quella dei gloriosi tempi di Blair alla guida del governo del New Labour. Tony stesso ricorda come oggi la leadership sia profondamente cambiata rispetto «ai nostri tempi». Più *strong* e *disruptive*, meno riflessiva e dialogante. Ma lavorare con tanti leader di tutto il mondo mi allarga il cuore. E la mente. Vedi questi ministri per la digitalizzazione in Africa e capisci che il mondo sta andando molto veloce nei Paesi emergenti. Del resto, le proiezioni dicono che il 75% dei nuovi nati, nel prossimo mezzo secolo, verrà proprio dall'Africa. E senza una scommessa su nuovi leader e una digitalizzazione spinta non ci sarà futuro per quei Paesi. Dunque è bello dare una mano con una squadra di prim'ordine come quella del Tony Blair Institute.

Ma mentre vedo come lavorano gli altri, torno a pensare a casa nostra e mi dico che l'atteggiamento da influencer di Giorgia Meloni è molto pericoloso per il nostro futuro. La trasformazione della premier da influencer in statista è una necessità fondamentale per il Paese. Ma è difficile, molto difficile. Quasi impossibile vedendo l'atteggiamento di questi mesi. La presidente ha un grande punto di forza: negli incontri bilaterali esprime una notevole empatia. Il che aiuta. E da italiani siamo contenti. Ha un grande punto di debolezza, anche. Una squadra intorno a lei imbarazzante, un team di collaboratori che definire «scappati di casa» è riduttivo. Alcuni di loro sono talmente imbarazzanti da meritare un capitolo *ad hoc*. Il prossimo.

2
Amichettismo, non merito. L'influencer e la squadra dei peggiori

«Per sembrare un genio avrebbe dovuto essere diverso.»

BEPPE VIOLA

Anche chi non ama Giorgia Meloni deve ammettere che nella sua squadra lei spicca. Ma per forza! Rispetto alla squadra di governo che oggi l'Italia presenta, persino Topo Gigio farebbe bella figura. E il bello è che lo sanno benissimo anche loro.

Basta leggere *Fratelli di chat*, il libro del giornalista Giacomo Salvini edito da PaperFirst che riporta alcune delle conversazioni del gruppo dirigente di Fratelli d'Italia. Salvini, per l'appunto, è il protagonista e non solo l'autore. Perché se Giacomo Salvini è il giornalista, Matteo Salvini è l'indiscusso eroe del libro. I Fratelli d'Italia lo chiamano «bimbominkia» quando sono in vena di complimenti. E Giorgia Meloni in prima persona dice che Salvini dovrebbe nascondersi dopo quello che ha fatto sulle accise, riferendosi alla promessa disattesa di eliminarne alcune. Meloni ha ragione da vendere sul punto ma dice solo una parziale verità. Perché se si deve nascondere Salvini, altrettanto dovrebbe fare lei visto che i social sono pieni di un suo video dal benzinaio in cui accusa lo Stato di derubare i cittadini con le accise. Ma quando la Meloni automobilista diventa premier, *puf*, si dimentica il passato. E addirittura alza le accise sulla benzina rispetto a Draghi.

Sanno benissimo, i Fratelli d'Italia, che se il vicepresidente del Consiglio è un bimbominkia potete immaginarvi gli altri.

Eppure era stata proprio Giorgia Meloni a dettare la linea nell'unico canale ufficiale che lei riconosce come informazione: una trasmissione di Nicola Porro.

Porro è uno di quei giornalisti che fa domande ficcanti. Del tipo: «Lei ha fatto riforme bellissime. Perché la sinistra ce l'ha con lei?» Il suo modello culturale è la lettera di Troisi e Benigni a Savonarola in *Non ci resta che piangere*, che termina con «se vuole può anche camminarci sopra». E il bello è che da quando ho criticato quella intervista sdraiata, Porro ha smesso di invitarmi in trasmissione perché – mi ha scritto – «Se dopo un'intervista scrivi in un libro quello che hai scritto» allora io preferisco «invitare in trasmissione altri esponenti». I paladini del *free speech* fanno così: se li critichi, ti oscurano. Liberali alle vongole.

E da Porro Meloni spiega: dopo anni di amichettismo è arrivato il momento di mettere le persone scelte sulla base del merito.

Solo che il suo governo è per definizione il governo degli amichetti. Dei cognati. Dei camerati.

Doveva premiare il merito, ha promosso una tribù di impresentabili.

Al vertice della quale, ovviamente, c'è lui. Il ministro Bimbominkia per utilizzare le parole della chat di Fratelli d'Italia, scritte di proprio pugno dal mitico Fazzolari. Quello che secondo la Meloni è l'uomo più intelligente che lei abbia mai incontrato. Il più intelligente definisce il vicepremier «bimbominkia». Potete immaginare che cosa penserà il più stupido?

Tensioni geopolitiche, crisi energetiche, guerre e conflitti ovunque, Europa delle istituzioni in fiamme e noi abbiamo a

Chigi il Bimbominkia. Che fa di tutto per confermare il giudizio di Fazzolari, sia chiaro.

Quando Trump si schiera per i dazi contro l'Europa lui fa il tifo per il presidente americano ignorando il dolore e la preoccupazione delle aziende del Nord.

Alle quali lui peraltro si rivolge sempre meno, preso com'è dal dimostrare che non è più quel cafone che urlava contro i meridionali. Celebre un suo video da Pontida in cui canta «Senti che puzza, scappano anche i cani, stanno arrivando i napoletani. Terremotati, disoccupati, voi con il sapone non vi siete mai lavati», coro dei tifosi del Nord che Salvini riadatta a suo inno politico prima di svoltare e diventare un grande tifoso dell'unità nazionale.

Vuole il ponte sullo Stretto ed è un'operazione che ha un senso solo se non togli i soldi al resto delle infrastrutture siciliane. Invece lui taglia tutto pur di tenere in piedi il sogno del ponte e i suoi senatori dicono nelle assemblee pubbliche: «Il ponte è più importante degli ospedali e delle strade». Finiscono fischiati, ovviamente.

Si occupa di politica internazionale con quella profondità di pensiero che gli fa mettere la cravatta con lo stesso colore di quella di Trump: è un atteggiamento adolescenziale che i ragazzini hanno, poi crescono e capiscono che non devono vestirsi come i loro eroi. *To cosplay*, copiare l'abbigliamento del leader. Salvini è un *cosplayer*. E quando lo scrivi non sai se una roba del genere produca più tenerezza o preoccupazione. Gliel'ho detto anche in aula, in Senato, nei giorni del giuramento del 47° presidente degli Stati Uniti augurandomi che qualcuno che gli vuol bene, qualcuno che gli sta vicino, lo aiutasse a non travestirsi persino da Village People visto che *YMCA* è passato dall'essere l'inno ufficiale del movimento dei diritti civili a colonna sonora del trumpismo.

Nel frattempo su TikTok si fa prendere in giro dai ragazzini che ironizzano sul «Salvini ripulisci Milano» e lui non capisce che è un gioco di parole, non un invito a candidarsi sindaco. Non c'è argomento di politica internazionale su cui non ci delizi con le raffinate strategie geopolitiche. Nel frattempo, sarà sfortuna o sarà incapacità, il sistema dei trasporti italiani va in tilt. Ferrovie dello Stato aumenta le assunzioni, il debito e l'inferenza politica nelle nomine e infatti peggiora sulla puntualità del servizio. Quando ci sono problemi Salvini diventa imbarazzante. Una volta dà la colpa a un chiodo, un'altra a un pantografo, un'altra agli sconosciuti sui binari, un'altra ai sindacati e ai comunisti, un'altra a sconosciuti attentatori. La sua incredibile caccia all'alibi ricorda la scena cult del film *Blues Brothers* quando Belushi cerca di salvare la pelle con le più improbabili giustificazioni: «Non è stata colpa mia. Davvero, sono sincero. Quel giorno finì la benzina. Si bucò uno pneumatico. Non avevo i soldi per il taxi! Il mio smoking non era arrivato in tempo dalla tintoria! Era venuto a trovarmi da lontano un amico che non vedevo da anni! Qualcuno mi rubò la macchina! Ci fu un terremoto! Una tremenda inondazione! Un'invasione di cavallette!»

Salvini è un Belushi che non fa ridere. Intanto gli italiani accumulano ritardi e quello che una volta era uno dei vanti del Paese, il Frecciarossa, più che una freccia ormai è una pallottola spuntata. Quando in aula chiedo a Salvini se intenda dimettersi visti i ritardi e il clamoroso fallimento dei trasporti italiani, la maggioranza lo difende. Persino i Fratelli d'Italia capiscono che devono difendere colui che ritengono un «bimbominkia», pena la fine del governo.

Ma mi colpisce la motivazione. Dicono: un ministro non può essere cacciato per quello che succede nel suo ministero. Non è colpa sua se i treni sono in ritardo.

L'argomento è suggestivo. Ma, senza entrare nel merito, limitiamoci a ricordare che quando Salvini era all'opposizione aveva preso di mira i nostri ministri in modo incessante, al limite dello stalking. E non citerò i ministri del Pd. Limitiamoci a ricordare quello che Salvini diceva di Angelino Alfano, avvocato siciliano e politico di lungo corso che ha recentemente lasciato la politica ma soprattutto ha lasciato un esempio che quelli come Salvini non possono nemmeno lontanamente imitare. Alfano è stato ministro dell'Interno negli anni in cui tutta Europa è stata oggetto di attentati terroristici compiuti dagli estremisti islamici. Anche grazie al suo lavoro in Italia non si è verificato un solo caso a differenza di ciò che è accaduto in Francia, in Germania, in Spagna, in Belgio, nel Regno Unito. A chi ha lavorato con noi e con Alfano andrebbe solo detto grazie. E invece che cosa faceva allora il futuro «bimbominkia»? Chiedeva le dimissioni di Alfano in loop, come fossero scontate. Microcriminalità in Veneto? Salvini chiede le dimissioni di Alfano. Problema sicurezza a Roma? Salvini chiede le dimissioni di Alfano. Baby gang a Milano? Salvini chiede le dimissioni di Alfano.

È talmente abituato a chiedere le dimissioni che quando Nizza diventa teatro dell'ennesimo attentato kamikaze, è il 14 luglio 2016, nel giorno della presa della Bastiglia, be' Salvini chiede le dimissioni di Alfano. Al che mi tocca ricordare a qualche comune amico che Nizza è in Francia. Da secoli, ormai. E dunque chiedere le dimissioni del ministro dell'Interno italiano per un attentato in Francia potrebbe pure essere interpretato come un bel segnale di federalismo europeo, ma in realtà è l'ennesima dimostrazione di superficialità e ignoranza.

Non che l'altro vicepremier, Antonio Tajani, se la passi meglio. Diciamo che se Salvini è dannoso, almeno Tajani è semplicemente inutile. L'inviato speciale di Trump per l'Italia, Paolo Zampolli, rilascia un'intervista a *Il Post* e confessa il nickname con cui il nostro ministro degli Esteri viene chiamato a Washington: Tagliatella, Antonio Tagliatella. Spero che non si offenda qualche pastaio bolognese, sia chiaro. Ma pensare che la gloriosa classe dirigente della Farnesina sia guidata da un uomo così privo di visione e di qualità è molto triste. I nostri ambasciatori sono in media molto preparati e molto bravi. Verso di loro avevo un po' di pregiudizio: quando ho toccato con mano la qualità del loro lavoro sono diventato il più acceso sostenitore di chi ha vinto il concorso per la carriera diplomatica.

Tajani è un uomo cresciuto all'ombra di Berlusconi, sempre in seconda o terza fila. Senza alcuna capacità di leadership. La presidenza del G7 che l'Italia ha assunto nel cruciale anno 2024 non ha prodotto un solo risultato. Manco uno, per sbaglio. Per definirne il profilo è sufficiente leggere le dichiarazioni che rilascia nei momenti topici.

Nelle ore in cui il mondo commemora il primo anniversario della strage di Hamas del 7 ottobre tutti i leader partecipano a eventi di altissimo livello geopolitico e Tajani fa l'ospite d'onore alla Sagra dell'uva di Marino.

Quando i missili iraniani provano a colpire Tel Aviv e tutti i ministri degli Esteri intervengono sull'argomento, il profilo social del ministro degli Esteri italiano reca la fondamentale notizia «Benvenuta alla consigliera regionale della Marche Linda Elezi» perché questa politica marchigiana aveva lasciato la Lega per poi entrare in Forza Italia. Le priorità di Tajani: fare la baldoria con Salvini mentre il mondo danza vertiginosamente sull'orlo della Terza guerra mondiale.

Quando invece nel novembre 2024 Hezbollah colpisce in Libano e colpisce anche la missione Unifil, la missione internazionale delle Nazioni Unite, missione a guida italiana, il monito di Tajani si fa duro, durissimo. O quasi. Il ministro degli Esteri italiani infatti suggerisce a Hezbollah che deve «imparare a usare meglio le armi». Non so se ci rendiamo conto. Una frase del genere! Ma come gli viene in testa di dire: prendete meglio la mira. Dovete colpire Israele, non noi, sembra quasi suggerire.

Quando Tajani parla, sembra non riuscire a comprendere il significato delle parole che usa. Dopo la tragedia di Giulia Cecchettin, tutta l'Italia è sconvolta. E io sono uno di quelli che ammirano in modo sconfinato il signor Gino, padre di Giulia, per la forza e per l'umanità che mostra. Io da padre non riesco nemmeno a immaginare quanto sia devastante un dolore del genere. E anche per questo cerco di misurare le parole. Penso che il rispetto sia il valore più grande. Poi leggo le dichiarazioni di Tajani, un prezzemolino che deve parlare anche del femminicidio di Giulia con una superficialità assurda. Le sue parole? «Come uomo chiedo scusa a tutte le donne per quello che fanno gli uomini.» Ma che discorso è? Come è possibile che un uomo debba scusarsi perché un uomo uccide la fidanzata? Sembra quasi che Tajani faccia dichiarazioni a casaccio, giusto per avere visibilità. E stare sui media.

Ma è soprattutto la tenuta politica del leader di Forza Italia a lasciare davvero perplessi.

E la storia che sto per raccontarvi spiega bene – una volta di più – la differenza tra un influencer e un leader politico.

Nel mese di agosto Tajani fa il giro di molte associazioni del mondo cattolico, dal meeting di Rimini di Comunione e Liberazione fino alla Route Nazionale delle Comunità capi degli scout a Verona. E ovunque ribadisce con forza il concetto: noi appoggiamo la richiesta del mondo cattolico di votare a favore della legge sullo *ius culturae*. O *ius scholae* che dir si voglia. In soldoni: chi studia in Italia e finisce almeno un ciclo scolastico acquisisce la cittadinanza.

Non è un'idea particolarmente nuova. Eravamo riusciti a farla approvare con il mio governo alla Camera, poi l'esecutivo successivo bloccò tutto al Senato. Berlusconi aveva già annunciato il voto a favore di Forza Italia e persino la giovane leader di Fratelli d'Italia Giorgia Meloni aveva dichiarato il suo sostegno, salvo poi cambiare idea. Che strano.

Nell'estate del 2024 il mondo cattolico italiano prova a rilanciare sull'argomento. E Tajani ci si tuffa: vuole dimostrare di essere l'unico interlocutore della Cei e di questa parte dell'associazionismo. Ad agosto chi sente Tajani parlare in pubblico ascolta la voce di un uomo delle istituzioni che non le manda a dire: noi voteremo questa legge. Punto. La norma sulla cittadinanza deve cambiare. Tutto agosto così, ovunque.

Del resto è il momento migliore per i sostenitori della modifica alla legge sulla cittadinanza. Alle Olimpiadi di Parigi l'Italia ha ottenuto grandi risultati anche grazie al contributo di atleti che pur essendo nati nel nostro Paese diventano cittadini a fatica. E spesso più per motivi sportivi che per altro.

Tajani sceglie con cura i propri target. Prima rilascia un'intervista non a caso a *Repubblica*: «È quello di cui ha bisogno il nostro Paese. L'Italia è cambiata». E ancora: «Sarà la mia educazione cristiana» aggiunge «ma per me non esistono differenze di colore o etnia. Un buon italiano è chi crede nell'Italia, la conosce, la difende. Quanti militari figli di stranieri ci sono nel nostro esercito? E poi gli atleti, le scuole in cui vanno i nostri figli. Il mondo cambia e continua a cambiare, svegliamoci».

Quindi davanti alla platea di CL che lo applaude: «Sullo *ius scholae* dico che bisogna andare avanti non perché sono un pericoloso lassista che vuole aprire le frontiere a cani e porci ma perché la realtà italiana è questa e dobbiamo pensare a quello che sono gli italiani oggi».

Poi a settembre si torna a Roma e riparte l'attività del Parlamento. L'11 settembre 2024 – appena venti giorni dopo il meeting di Rimini e la Route nazionale di Verona – la Camera vota un emendamento che prevede l'acquisizione della cittadinanza per i minori figli di immigrati dopo aver completato un ciclo scolastico di dieci anni (quindi, nei fatti, due).

Se Tajani è un uomo di parola è fatta. Se il Tajani di settembre conferma il Tajani di agosto la legge cambia.

Il voto avviene a scrutinio palese: 169 voti contrari, 126 favorevoli e 3 astenuti.

Niente, proposta bocciata.

E perché? Perché Forza Italia all'ultimo momento si ritira. E i 45 deputati di Forza Italia che avrebbero fatto la differenza vengono raggiunti dall'ordine di Tajani: votiamo contro lo *ius scholae* e votiamo come comanda Giorgia.

Perché ormai con questi la politica funziona così. Uno va a fare i talk o le assemblee e dice una cosa. Poi va in aula e vota il contrario. E tutti zitti perché per primi i commentatori hanno la memoria intermittente.

Penso a tutte le ragazze e ai ragazzi che avevano creduto a Tajani e alle sue parole melliflue e bugiarde. Questo è il modo di fare politica che io non sopporto: non avere il coraggio di disturbare il manovratore. Tajani dice che regge la posizione perché lui «non accetta imposizioni»: poi arriva la telefonata di Giorgia e via in retromarcia.

Questi sono i vicepresidenti del Consiglio. Quello dannoso e quello inutile.

E non pensate che il giudizio sull'inutilità di Tajani sia una mia cattiveria. È quello che pensa anche Giorgia Meloni. Che non a caso quando – il 4 gennaio 2025 – prende l'aereo di Stato per andare a incontrare il presidente eletto Donald Trump decide di non dire nulla al ministro degli Esteri. Il titolare della Farnesina apprende che la premier è in volo verso la Florida da un tweet di Andrea Stroppa, collaboratore di Musk in Italia. Vi sembra normale?

No, non lo è.

Ma è nulla rispetto a quello che succede a Palazzo Chigi nell'ala opposta a quella in cui lavora la premier: l'ufficio di Alfredo Mantovano, sottosegretario alla presidenza del Consiglio dei ministri e come tale uomo che verbalizza le riunioni del Consiglio. A lui, magistrato di Cassazione, già sottosegretario al Viminale ai tempi di Berlusconi, Meloni lascia le chiavi di casa, o meglio i codici, dei servizi segreti nominandolo «Autorità delegata» per dirigere e controllare l'intelligence.

Cerchiamo di capirci bene: i servizi segreti in un Paese sono fondamentali. Si muovono *border line*, è vero. Ma lo fanno sempre all'interno di un quadro normativo chiaro che in Italia è basato sulla legge 124 del 2007. Quindi è vero che i servizi segreti possono fare cose che altri pezzi delle istituzioni non possono fare superando anche limiti legislativi. Ma sempre stando all'interno della Costituzione e della Legge 124. Non possono cioè fare quello che vogliono: possono fare però più di quello che fanno le normali forze di polizia.

Mettere un limite, e rispettarlo, è fondamentale. Per i servizi segreti, certo, ma più in generale per la democrazia. Le istituzioni senza cultura del limite non sono istituzioni: sono anarchia, legge del più forte, autocrazia.

Il fatto che Meloni indichi per la figura dell'Autorità delegata un magistrato di lungo corso, stimato per il senso dell'equilibrio e rispettato anche dagli avversari è un segno molto positivo: lo diciamo subito, fin dalle prime settimane di governo. Ma dopo i primi mesi anche Mantovano sembra preso dalla *hybris* che spesso colpisce i vari inquilini di quel palazzo. E l'austero magistrato di comprovata saggezza si trasforma alla velocità della luce in Ciccio Pasticcio. Per ragioni di spazio saltiamo a piè pari molte vicende delicate su cui i servizi segreti mostrano stranezze. E dire che l'aumento clamoroso del budget a loro destinato meriterebbe tutt'altra efficienza da parte della struttura guidata da Mantovano.

Persino sulla vicenda Al-Masri la responsabilità del sottosegretario appare evidente nel momento in cui il volo di Stato viene predisposto ben prima che Nordio individui «il cavillo» giuridico con cui scarcerare il torturatore libico. Tanto che decido di scrivere un messaggio WhatsApp all'Autorità delegata con cui ho discusso nelle settimane precedenti di numerose questioni istituzionali. Il 22 gennaio 2025, alle 6.31 del mattino, scrivo a Mantovano: «Buongiorno. Sull'operazione rientro del libico, ci sono cose che intendete farci sapere a livello istituzionale oppure tutte le informazioni sono quelle che sappiamo dal comunicato e dai giornali? Non è una domanda polemica ma solo un modo per regolarci visto che pare di vedere un aereo Cai impegnato nel rientro. Grazie».

La risposta non si fa attendere. «Buongiorno e buon anno! Non pensi sia un po' irrituale una richiesta di spiegazioni via WhatsApp?» scrive l'Autorità delegata mentre conferma la disponibilità del governo a rispondere in Parlamento. Che poi è un dovere più che una disponibilità, ma questa è un'altra storia.

E io gli replico: «Scusa il disturbo. Mi avevi scritto tu via WhatsApp su Cecilia Sala e ho utilizzato lo stesso metodo. Non mi permetterò più e interverrò in modo formale in Parlamento. Era proprio per capire ed evitare una polemica in quella sede ma seguirò il tuo consiglio. Buona giornata».

Che dire: uno prova a dialogare, ma loro non ci sentono. Fanno come vogliono, rispondono quando gli pare, si sentono in missione per conto di un loro dio.

Chiediamo allora che Giorgia Meloni venga in Parlamento. E non viene. Manda Nordio e Piantedosi. Arriva però un avviso di garanzia a Meloni, Nordio, Piantedosi e allo stesso Mantovano, atto dovuto della procura di Roma alla luce di un esposto. Meloni riceve l'avviso di garanzia e apre le valvole contro il capo della Procura di Roma, Francesco Lo Voi, accusandolo di essere una toga rossa. Se non fosse una cosa seria ci sarebbe da schiantarsi dalle risate. Sapete la formazione politica di Lo Voi qual è? A quindici anni era vicino al Fronte della Gioventù, l'organizzazione giovanile del Movimento sociale italiano. Se quella è una toga rossa, la Boccassini che cosa era?

La Meloni urla che lei non può andare in Parlamento, il governo spiega che c'è il segreto istruttorio e dunque gli indagati non possono parlare di questa vicenda. E infatti Meloni parla tranquillamente della vicenda, solo che non lo fa in Parlamento ma nell'ambito di una iniziativa editoriale di Nicola Porro. Funziona così. Ci sono giornalisti che conducono trasmissioni importanti, su Rai e Mediaset. Non contenti del loro stipendio organizzano degli eventi sponsorizzati da aziende, spesso aziende pubbliche o comunque a partecipazione statale, che sganciano diversi soldi. Meloni decide di partecipare a una di queste iniziative, quella di Nicola Porro. In Parlamento no. Ma all'iniziativa di Porro, pagata anche con soldi pubblici, Meloni si presenta. E non c'è segreto istruttorio che tenga. Interessante questo modo di procedere: i soldi a Porro per l'evento li danno i *main sponsor*. Tra gli altri il gruppo Fs, Enel, Eni, Nexi. Ma anche Tim o Autostrade per l'Italia. Tutta questa gente paga Porro. Che organizza con soldi pubblici un'intervista privata. A chi? A Giorgia Meloni. La quale va da Porro a parlare di Al-Masri, ma non va in Parlamento.

Tutto chiaro?

Ovviamente manca un pezzo. Noi facciamo una interrogazione parlamentare al governo per sapere quanti soldi delle aziende partecipate dallo Stato vanno a questo evento. Ma il governo non risponde. Eppure la democrazia parlamentare prevederebbe un controllo delle opposizioni, ma nulla: Giorgia è al potere. E loro fanno come vogliono.

Torniamo a Mantovano, se no ci deprimiamo. Anche se, forse, tornando alla gestione dei servizi segreti, a pensarci bene, ci deprimiamo ancora di più.

Nelle stesse ore in cui la Meloni va da Porro, un Tg Rai riceve una chicca che riguarda la gestione dei voli di Stato. Chi firma l'autorizzazione a prendere un volo di Stato è sempre il sottosegretario a Palazzo Chigi, ancora Mantovano. Proprio nelle ore chiave dello scontro tra Giorgia Meloni e Francesco Lo Voi, la presunta toga rossa cresciuta nel Fronte della Gioventù, all'improvviso una velina arriva in Rai, chissà da dove, chissà da quale manina. E la velina è chiara: Lo Voi – come altri magistrati in prima fila nella lotta contro la criminalità – usa solitamente i voli di Stato. O meglio usava. Perché Mantovano glieli ha tolti. E Lo Voi ha fatto ricorso. E che c'entra questa storia? In teoria nulla. Ma casualmente proprio nelle ore dello scontro qualcuno passa la notizia, in teoria riservatissima, al Tg. Che la pubblica. Creando – ovviamente – un danno di immagine al magistrato che sembra combattere per un privilegio. In realtà non è così, ci sono molti casi in cui il volo di Stato ai magistrati è doveroso e sacrosanto. E non tocca a noi stabilire se Mantovano abbia fatto bene a toglierlo a Lo Voi. Ma quello che sappiamo è che il delicato tema delle scorte e dei trasferimenti dei magistrati non può diventare oggetto di veline ai media. E invece quello che è certo è che chi ha dato la notizia al Tg proprio nelle ore dello scontro istituzionale tra governo e procura di Roma lo ha fatto per fare un favore alla Meloni. Tanto che i giorni successivi molti commentatori da destra diranno: «Ecco perché Lo Voi ha indagato la Meloni, è accaduto solo perché non gli ha dato il volo di Stato». È una patacca, ovviamente. Ma l'utilizzo politico di informazioni riservate dell'ufficio del sottosegretario è molto grave. Il fatto che un Tg Rai si presti a fare da cassa di risonanza a questa decisione lo è ancora di più.

Ancora più grave – a dire il vero – è la decisione del Dis, cioè dei servizi segreti, di presentare a Perugia una denuncia contro la Procura di Roma. È la conseguenza di un impazzimento generale perché i magistrati e gli agenti dei servizi in una democrazia matura collaborano, non si denunciano. A mia memoria non era mai accaduto che la procura di Roma e il Dis si trovassero in tribunale dalla parte opposta: anche questo è il frutto di una visione istituzionale imbarazzante che il governo Meloni ha imposto ai dirigenti delle agenzie di intelligence. Ci vorranno anni per riportare il settore dell'intelligence e la magistratura a collaborare anziché a denunciarsi come invece ha preteso di fare Mantovano in risposta all'avviso di garanzia di Lo Voi.

Ma il vero problema di Mantovano è che con questo governo il Paese è diventato il regno degli spioni. Le istituzioni vengono bucate con una facilità sorprendente non solo dagli hacker professionisti ma da bande scapestrate e da funzionari infedeli.

Negli ultimi mesi si sono moltiplicati i tentativi di infrazione sui cellulari, sui conti correnti bancari, sui computer di personalità più o meno note. Solo nel mio caso, sono stato oggetto di intrusioni illegittime di dipendenti di Banca Intesa, di funzionari della Guardia di Finanza in servizio presso la Dia (è la famosa vicenda del tenente Striano che ha passato ai giornali informazioni sul mio conto corrente ma tanto per cambiare nessuno paga mai), di manager pubblici come il capo della Fiera di Milano, Pazzali, che viene accusato di aver creato un'organizzazione parallela finalizzata allo spionaggio. E ovviamente ci provano subito con me.

Nel mio caso vanno aggiunte le intercettazioni giudicate illegittime dalla Corte costituzionale e dalla Corte di cassazione, la pubblicazione illegale del mio estratto conto bancario, il sequestro della mia corrispondenza con mio padre. E se fanno questo a me che sono un parlamentare anche abbastanza noto, vi immaginate che cosa possono fare con i cittadini comuni?

Voi direte: vabbè, non è colpa della Meloni se viviamo in un tempo in cui le intercettazioni e lo spionaggio sono molto più facili alla luce delle nuove tecnologie. Vi rispondo: ni.

Non è colpa della Meloni nel senso che in tutto il mondo si sta facendo una discussione molto seria su questi temi. Ed è evidente che la diffusione delle nuove tecnologie spalanca scenari inquietanti. Nel mondo è stimata la presenza di circa un miliardo di telecamere: capite che cosa ciò comporta per il riconoscimento facciale e il sempre delicato rapporto tra sicurezza e libertà. Gli smartphone sono ormai dei contenitori di dati impressionanti: su un telefonino hai accesso a una quantità di informazioni senza precedenti. Ma lo smartphone sa tutto anche di te. Viviamo in un'epoca senza precedenti. E dunque il rispetto della privacy è per me qualcosa di più di un fatto legislativo: per me rispettare la privacy diventa ontologicamente una questione di libertà, un diritto umano fondamentale.

È invece colpa della Meloni se l'Italia è diventato il Paese più facile da bucare. Il formaggio simbolo del Paese è senz'altro da scegliersi tra il parmigiano reggiano, il grana o la mozzarella. Ma il formaggio che simboleggia l'Italia delle istituzioni meloniane è il groviera. E poco importa se è un formaggio svizzero: è pieno di buchi esattamente come la nostra difesa cyber.

Siamo vulnerabili nonostante gli stanziamenti elevati perché abbiamo messo le persone meno competenti nei posti più importanti. E siccome mi piace fare nome e cognome, e non sono uno di quei parrucconi paludati che si parlano addosso, la dico chiara. Abbiamo creato un'Agenzia per la cybersicurezza nazionale. L'abbiamo riempita di soldi. E abbiamo permesso – contro il mio parere, ma questa è un'altra storia – di equiparare gli stipendi a quelli di Banca d'Italia, dunque più alti rispetto alla pubblica amministrazione. Ci sono circa trecento dipendenti di cui più di un terzo dirigenti. Il budget per il personale è stato aumentato tra il 2023 e il 2024 di circa il 30%. Poi si dice che la Meloni non li tratta bene.

E questa Agenzia che poteva essere la punta di diamante di una struttura di controllo e di prevenzione rispetto agli attacchi cyber, dorme. Caspita se dorme. Vi ho dato l'elenco di quello che hanno fatto a me: attacchi privati, intercettazioni pubbliche e pubblicate, interventi sul mio conto corrente, spionaggio di vario genere. Mai una volta che abbia ricevuto un alert, un aiuto, un contributo da questa Agenzia. Volete sapere perché? Perché mentre nell'Agenzia ci sono anche alcune professionalità, meno del previsto a dire il vero, molte altre figure sono lì per raccomandazione o in nome dell'amichettismo. E capiscono poco o nulla di cyber.

Non è un caso che Mantovano abbia voluto a guidarla il prefetto Bruno Frattasi. Frattasi è un onesto funzionario del Paese, già prefetto di Roma, capo dei vigili del fuoco, capo di gabinetto di Alfano. Ha collaborato con il mio governo con grande dignità. Nulla da dire sulla persona, insomma, ma è giusto far notare che non ha in carriera alcuna esperienza di cyber ed è stato scelto da Mantovano sulla base del rapporto di amicizia con lui.

Noi abbiamo una macchina che dovrebbe proteggere i cittadini e le istituzioni e alla guida ci mettiamo un presidente che non sa nulla di cyber. Intendiamoci: Frattasi e altri suoi collaboratori si sono impegnati molto. Alcuni hanno persino frequentato dei corsi sulla cyber security. Verrebbe da dire: giusto per capire dove erano finiti.

Ma un Paese serio deve mettere in questi ruoli i funzionari migliori che ha, che conoscono la cyber security, il dark web, le migliori tecnologie. Non gli amici di Mantovano.

Siccome penso che servano proposte e non solo critiche, la dico chiara. Se questo governo avesse a cuore l'Italia – e non solo Fratelli d'Italia – metterebbe alla guida dell'agenzia Nicola Gratteri. Altro che Frattasi.

Dico Nicola Gratteri perché l'attuale procuratore capo della Repubblica di Napoli è da sempre uno dei più competenti e preparati nell'utilizzo delle nuove tecnologie. Conosce la pericolosità del mondo del dark web e l'utilizzo che ne fanno le grandi organizzazioni criminali non solo per la droga. È uno che non guarda in faccia nessuno o meglio: è uno che può permettersi di guardare negli occhi tutti. E certo non si fa imporre le assunzioni in nome dell'amichettismo. Sceglie sulla base del merito, Gratteri.

In attesa che Giorgia Meloni scelga di abbracciare la strada del merito di cui si riempie la bocca nelle interviste ma che dimentica al momento delle nomine, c'è un problema ancora più grave da affrontare rispetto a quello dell'Agenzia cyber. Ed è il cosiddetto scandalo Paragon.

Al momento di andare in stampa non sappiamo il finale di questa terribile vicenda. Ma conosciamo l'inizio e ci basta per dire che siamo davanti a un potenziale Watergate all'italiana.

Andiamo con ordine. Un'azienda basata in America ma con tecnologia israeliana, Paragon, sviluppa un trojan zero click chiamato Graphite. Che cosa è un trojan? Un malware che ti entra nel cellulare e lo trasforma in un registratore permettendo a chi ascolta di sapere tutto non solo del contenuto del tuo telefono (foto, messaggi, documenti, ricerche, dati) ma anche di quello che avviene nella stanza in cui è situato il telefonino stesso. Zero click significa che non ha bisogno di essere attivato da un'azione della «vittima», ma viene introdotto attraverso WhatsApp e inizia a fare il suo lavoro.

Questo strumento è molto invasivo. E pertanto Paragon decide di venderlo solo a governi democratici dell'Occidente. Non lo può comprare un'azienda per controllare i manager di un'altra. Non lo può comprare una dittatura per usarlo contro gli avversari. Non lo può prendere un ricco signore preoccupato dell'infedeltà della moglie. No. Solo governi democratici occidentali che possono usarlo – questa è la policy fondativa – solo per reati gravissimi. Tra i quali non rientrano la corruzione o un atto di violenza. Si parla di terrorismo internazionale, mafia, quel livello lì insomma.

Tutto chiaro? Ok, procediamo.

Il 31 gennaio 2025 un giornalista italiano, Francesco Cancellato, direttore di *Fanpage*, e alcuni attivisti politici in prima linea per l'accoglienza dei migranti, tra i quali Luca Casarini, storico leader no global ai tempi delle manifestazioni di inizio secolo, ricevono uno strano messaggio da parte di Meta, la società che possiede Facebook, Instagram e soprattutto WhatsApp. Cosa dice questo messaggio? In soldoni: occhio, qualcuno ti è entrato nel telefonino. Ha utilizzato un trojan potentissimo. Ti mettiamo in contatto con una struttura terza, autonoma e indipendente, canadese, perché tu possa far valere i tuoi diritti.

Nelle stesse ore due giornali, *Haaretz* in Israele e il *Guardian* a Londra, scrivono che ci sono almeno novanta casi di utilizzo scorretto del malware di Paragon e che la stessa Paragon, indignata per l'utilizzo illegittimo, ha stoppato il contratto con un Paese europeo che aveva acquistato Graphite.

E indovina indovinello qual è il Paese europeo? Ma certo: l'Italia.

Che ammetterà lo stop – consensuale, dicono – al rapporto

con Paragon solo dieci giorni dopo in un imbarazzato (e imbarazzante) comunicato stampa di Mantovano.

La cosa più ridicola è che questo comunicato arriva alle agenzie dopo le 21.30 di venerdì 14 febbraio. Gli italiani che non sono a festeggiare San Valentino stanno guardando la serata delle cover, cioè la gara dei duetti. E figuriamoci se uno che segue Giorgia e Annalisa o Elodie e Achille Lauro ha voglia di leggere un contorto comunicato stampa in cui il governo ammette che il servizio è sospeso.

Dunque l'Italia ha acquistato Paragon. Pare per darlo ai servizi segreti. I servizi segreti confermano di averlo utilizzato ma loro hanno la legge 124 come guida e dunque non possono intercettare giornalisti, attivisti politici e religiosi. O, se lo fanno, devono essere autorizzati dal procuratore generale della Corte d'appello di Roma. Ma soprattutto la richiesta deve arrivare dal governo, o Meloni o Mantovano. Entrambi, Meloni e Mantovano, smentiscono nel modo più categorico di aver richiesto l'autorizzazione a spiare un giornalista. Ma sicuramente un giornalista, Cancellato, è stato spiato con Paragon. Un attivista, Casarini, è stato spiato con Paragon. All'appello ne mancano altri ottantotto, secondo i giornali inglese e israeliano. Ma la cosa enorme è questa: davvero l'Italia ha utilizzato lo strumento di Paragon senza rispettare le regole che prevedono a livello istituzionale di non intercettare giornalisti, attivisti e religiosi e senza rispettare il contratto che prevede di utilizzare Graphite solo per reati gravissimi? Tutto ciò significa che siamo in presenza di uno scandalo senza precedenti.

In questi casi chi vuol bene al Paese spera sempre che non sia vero nulla. Io non faccio mai il tifo per il caos. Spero che sia tutta una bufala, un'incomprensione. Per questo chiediamo a Giorgia Meloni di metterci la faccia. E di venire in Parlamento. O, se vuole riservatezza, di andare al Copasir. E invece anche stavolta ci scontriamo con un muro di gomma.

Quando è in ballo la sicurezza nazionale Meloni sparisce. Diventa un ologramma. Si impaurisce. Le personalità che vogliono apparire forti spesso mascherano un'insicurezza di fondo per cui vivono di fantasmi.

Mentre chiediamo a Giorgia Meloni di non scappare anche stavolta, la cornice di questa *spy story* diventa sempre più fumosa. Facebook segnala un attacco ai dispositivi di Casarini e di don Mattia Ferrari, giovane sacerdote cattolico, cappellano della nave *Mediterranea* che si occupa di salvare vite nel Mediterraneo. Mi sembra folle che qualcuno spii un sacerdote solo perché prova a salvare migranti. *Fanpage*, la testata diretta da Cancellato, ricorda a tutti di essere stata la prima a fare un'inchiesta dall'interno sull'organizzazione giovanile di Fratelli d'Italia.

Un'inchiesta durissima, che manderà su tutte le furie il partito della premier. Ma certo sarebbe assurdo che qualche settimana dopo che *Fanpage* ha introdotto dei giornalisti nell'organizzazione giovanile di Fratelli d'Italia, il governo guidato da Fratelli d'Italia chieda di introdurre un trojan sul direttore di quella testata. Sarebbe uno scandalo planetario.

Mantovano intanto prova a impedire a Nordio di rispondere in aula ai nostri *question time* per fare chiarezza sul ruolo di magistrati e polizia penitenziaria: Nordio si rifiuta di assecondare il sottosegretario. Viene in aula. E dice chiaramente che il ministero della Giustizia in questa storia non c'entra niente: non sono state le procure a spiare con Paragon, non è stata la polizia penitenziaria. Si chiamano fuori anche polizia, carabinieri e guardia di finanza. Appare chiaro che le risposte che sta dando il sottosegretario alla presidente non sono esaustive.

La maggioranza continua a dire: ma che c'entra il governo? Non sanno, o fingono di non sapere, che la richiesta di intercettare preventivamente qualsiasi utenza deve essere firmata personalmente o da Meloni o da Mantovano. Per poi andare al vaglio del procuratore generale presso la Corte d'appello di Roma. Chi ha firmato la richiesta di intercettare un giornalista, contravvenendo alle leggi dello Stato? E perché proprio il direttore della testata che ha fatto uno scoop contro Fratelli d'Italia? Al quale Giorgia Meloni ha risposto con una frase durissima, che forse non tutti ricordano. Ma che giova riprendere.

Dobbiamo risalire al 28 giugno 2024. In uno dei rari momenti di incontro con la stampa, i giornalisti chiedono a Meloni cosa ne pensi dello scoop di *Fanpage* che ha svelato come nel movimento giovanile di Fratelli d'Italia ci siano richiami al Ventennio, inni al razzismo, omofobia diffusa e insulti antisemiti. Meloni prende le distanze da certe espressioni ma difende i suoi ragazzi che sono «bellissimi». E fin qui tutto in linea con l'atteggiamento standard di Giorgia Meloni sempre pronta a giustificare i suoi e condannare gli altri. Ma non è questa la cosa più grave, rileggendo dopo mesi quelle dichiarazioni. La vera frase che fa sobbalzare sulla sedia è un'altra. Giorgia Meloni tira in ballo anche il presidente della Repubblica (*sic*!) e si esprime così: «Nella storia della Repubblica italiana non è mai accaduto quello che *Fanpage* ha fatto con Fratelli d'Italia, con nessun partito politico, con nessuna organizzazione giovanile, con nessuna organizzazione sindacale... In altri tempi questi sono i metodi che usavano i regimi». Addirittura. E sapete perché? Perché due giornalisti di *Fanpage* si sono finti militanti di Fdi. Invece che cacciare gli antisemiti, Giorgia attacca l'informazione. E passi. Ma la frase che da giorni leggo e rileggo è questa: «Prendo atto che questa è una nuova frontiera dello scontro politico anche per come chiaramente la politica l'ha utilizzato. Quindi è uno strumento che sicuramente si potrà utilizzare come strumento politico».

Cosa significa questa frase criptica, «si potrà utilizzare come uno strumento politico»? A cosa allude la premier? È una sorta di «bomba libero tutti», come dire: mi avete messo giornalisti dentro l'organizzazione giovanile, adesso ve la faccio pagare? E quali strumenti ha la premier per «utilizzare come uno strumento politico». Perché ovviamente mi auguro che le due vicende siano slegate. Ma vi rendete conto che può sembrare strano se dopo qualche mese dall'inchiesta all'improvviso viene intercettato proprio il direttore della testata autrice dello scoop? Forse la Meloni avrebbe fatto meglio a fare una telefonata a Francesco Cancellato. E dirgli: caro direttore, collega iscritto all'albo dei giornalisti come me, so che hai ricevuto un messaggio da WhatsApp, sappi che faremo di tutto per capire che cosa è successo. Non consentiremo che ti spiino e difenderemo la tua libertà di fare il giornalista. Perché dalla qualità dell'informazione dipende la democrazia del Paese.

Nulla. Cancellato sa di essere spiato dall'informazione che gli arriva da Meta. I diritti del cittadino italiano sono garantiti da Zuckerberg, non da Meloni. E Meloni si rifiuta di rispondere, non a *Fanpage*, ma alle opposizioni del Paese.

Quello che stiamo percorrendo è un crinale molto pericoloso. Se lo Stato può intercettare in modo abusivo e illegittimo – perché ricordiamolo: Paragon contesta all'Italia di aver esagerato con il trojan, dice che l'Italia ha utilizzato in modo scorretto il proprio malware – un attivista politico perché sull'immigrazione la pensa in modo diverso dal governo, è una cosa di rara gravità. Ma se addirittura si viola anche la legge aggredendo un giornalista, siamo oltre ogni regola. E che dire di don Mattia, che è un comune sacerdote, certo. Ma è anche un volto televisivo. E soprattutto è una persona che parla, spesso, al telefono con un signore che si chiama papa Francesco. Non sarà che qualcuno ha voluto mettere sotto controllo don Mattia anche per questo? E soprattutto: possiamo avere la certezza che nessuno abbia mai firmato una richiesta di intercettazione preventiva per una delle sim intestate a don Mattia?

Sono tra i pochi a seguire con grande attenzione questa vicenda. Perché lo faccio? Certo non per i voti. Parlare di questi temi non ti porta un solo decimale nei sondaggi. Anzi. Più facile perdere consenso. In molti ti scrivono: «Ma perché insisti tanto sulle intercettazioni? Parliamo di bollette, di lista d'attesa, di stipendi». Non è un tema immediato e di facile comprensione, questo. Ma è un tema decisivo. È in ballo la libertà del cittadino davanti allo Stato. E in alcuni casi persino contro lo Stato. Garantire la difesa della Costituzione e dei diritti umani nella parte in cui si toccano le libertà personali più alte è sempre un buon motivo per fare battaglia. Anche se si perde consenso. Su questo tema le altre forze politiche si stancano quasi subito, noi no. Io no. Rimanessi anche l'ultimo, andrò avanti fino alla fine – costi quel che costi – per capire chi ha intercettato un giornalista nel 2024 in Italia. Per capire se qualcuno è così istituzionalmente arrogante da pensare di poter spiare persino chi parla con il papa. O più semplicemente chi cerca di salvare vite umane, anche se al governo non piace l'idea.

Ci sono passato. Hanno massacrato la mia vita e quella della mia famiglia con provvedimenti abnormi. Hanno arrestato i miei genitori per motivazioni risibili e infatti su quell'ipotesi di accusa sono stati entrambi assolti: ma intanto i Tg delle 20 hanno aperto per giorni su di loro. Tutta Italia ha pensato che due pensionati fiorentini fossero dei malviventi e non lo erano. Hanno perquisito le case dei miei finanziatori alle sette del mattino. Hanno rovesciato cassetti, spaventato bambini che si preparavano per andare a scuola, fatto venire dubbi a chi non meritava di essere oggetto di un'intrusione così personale. Hanno intercettato mia moglie mentre parlava con un'amica, hanno violato la mia corrispondenza molto personale, intima e difficile con mio padre, hanno pubblicato tutte le spese del mio conto corrente e della mia carta di credito. Hanno utilizzato duecento finanzieri per una perquisizione che la Corte di cassazione ha giudicato illegittima e che ha comportato il crollo dei sondaggi del mio partito. Hanno pubblicato in modo illegale le segnalazioni di operazioni sospette (Sos) della Banca d'Italia su casa mia. Hanno intercettato il mio telefono mentre, da parlamentare, parlavo con un amico del voto che avrei dato sulla fiducia al governo: l'abc della deriva antidemocratica, perché è proprio per la libertà del voto in Parlamento che la Costituzione prevede le guarentigie di cui all'articolo 68. Accanto a questa violenza dello Stato contro di me, singoli privati si sono sbizzarriti contando sulla complicità di pezzi delle istituzioni che hanno utilizzato le nuove tecnologie per buttarmi fuori dalla lotta politica. E tutti o quasi i media hanno fatto da megafono al fango che veniva gettato nel ventilatore: molti sono stati condannati per diffamazione, ma non tutti. Non ancora.

Ho resistito. Non ho patteggiato con nessuno, come chiedevano. Ho fatto ricorso. Ho vinto. Ho vinto in Corte costituzionale. Ho vinto in Corte di cassazione. Ho vinto in tribunale, persino in un'udienza preliminare lunga quasi tre anni. Ma vincere non basta. Mentre lottavo, studiando le carte con gli evidenziatori in mano alle cinque del mattino, da solo, in cucina, cercando davanti al caffè di non svegliare mia moglie e i miei figli, mi domandavo: ma se questa cosa anziché a uno come me fosse successa a un altro, magari senza il mio carattere o senza la mia possibilità di combattere in tribunale o senza la visibilità di combattere sui media, be', quest'altro come avrebbe potuto resistere?

Capisco chi si ammala per un processo. Capisco anche

chi si fa del male. Capisco chi va in depressione. Capisco chi non è più lo stesso. Perché il carico emotivo, lo stress, il dolore sono enormi. E io ho avuto il dono incommensurabile di avere dalla mia parte, sempre, ogni giorno, Agnese, Francesco, Emanuele ed Ester che non hanno mai dubitato di me, nemmeno un istante. Io sono un uomo fortunato. E l'ho detto pubblicamente – ringraziando – quando nel dicembre 2024 ho vinto l'ultima battaglia contro quel pm di Firenze che ha arrestato i miei, indagato me, mia sorella, mio cognato, i miei amici. E che ha perso la sua battaglia personale contro di me esattamente quattro giorni prima di andarsene in pensione con il massimo dello stipendio pagato dai cittadini. Con i soldi, certo. Ma anche con l'onta di una sconfitta che ne marchia per sempre la carriera professionale e personale.

Mentre combattevo per la verità ho preso un impegno. Quando tutto sarà finito, caro Matteo, non potrai mai far finta di nulla davanti a casi simili. E quando ci saranno casi di violazione delle libertà personali, delle garanzie individuali, della privacy e dell'umanità tu dovrai essere in prima fila.

Sul caso Paragon non combatto contro Giorgia Meloni e contro Alfredo Mantovano. Mi dispiace che Meloni e Mantovano non capiscano la gravità di quello che sta accadendo. Combatto per le istituzioni, sì, per l'Italia, per la dignità del Paese del Beccaria che non può svendere un tanto al chilo la propria storia di conquiste giuridiche sull'altare della tecnologia imperante.

Combatto anche per le istituzioni, sì. Ma combatto soprattutto per le persone. Perché quando un cittadino entra nell'inghippo devastante del controllo tecnologico rischia di essere disintegrato. Tutta la sua vita diventa un algoritmo, un codice, un dato. Ma nella vita ci sono le emozioni, i valori, gli errori, i sogni delle persone. La vita non può diventare un file che un giudice, un hacker, uno smanettone americano o israeliano, russo o cinese possono gestire a piacimento. La vita delle persone va difesa anche dall'intrusione pervasiva e perversa dei nuovi strumenti di controllo. Noi non siamo la Germania dell'Est di prima del crollo del muro di Berlino, noi non regaliamo la nostra vita alla Stasi di oggi, noi amiamo la libertà più di ogni altra cosa.

E io, anche se rimanessi l'ultimo parlamentare a farlo, lotterò come un leone per Cancellato e per tutti i giornalisti, per Casarini e per tutti gli attivisti nel Mediterraneo, per don Mattia e per tutti i sacerdoti. Ma soprattutto per tutti i cittadini, indipendentemente dalle loro idee politiche, culturali, religiose. Difendendo loro, stiamo difendendo la libertà di tutti.

La gente comune non coglie l'importanza di questa battaglia? Pace, la faccio lo stesso. Meglio essere impopolare che populista. Davanti a questa lesione della civiltà giuridica italiana, ho promesso a me stesso di non voltarmi dall'altra parte. E non lo farò.

Chi non mi ama scrive sui social: «Ma perché parli tanto di servizi segreti, tu?» E ricorda un'incredibile vicenda, quella in cui sono stato fotografato in un autogrill di Fiano Romano con Marco Mancini, allora dirigente dell'intelligence italiana. Ho già detto tutto quello che dovevo dire su quella vicenda. Ma siccome io sì che non sono ricattabile – per utilizzare le espressioni trite e ritrite dell'influencer Meloni – ho deciso contestualmente all'uscita di questo libro di scrivere una lettera alla premier.

> «Cara Giorgia, se davvero credi alla trasparenza delle istituzioni e rispetti le opposizioni, ti chiedo di essere, per una volta, coerente. Ogni giorno che passa ripeti come un mantra la frase che non sei ricattabile. Siccome non lo sono nemmeno io, permettimi di dimostrarlo. Togli il segreto di Stato che è stato apposto sulla "vicenda autogrill".

Perché è davvero una barzelletta che l'Italia che riporta a casa il criminale libico senza spiegare in che cosa consista il segreto di Stato, che l'Italia che non riesce a dire chi ha spiato con Paragon un giornalista o un attivista politico, metta il segreto di Stato per una banalissima fermata all'autogrill di un parlamentare dell'opposizione. Io non ho problemi a conoscere la verità. Diceva un predecessore tuo e mio, molto più autorevole di entrambi, Aldo Moro: "Quando si dice la verità non bisogna dolersi di averla detta. La verità è sempre illuminante. Ci aiuta a essere coraggiosi". Sii coraggiosa, Giorgia, se sei capace. Io non ho nulla da temere. E sotto la mia presidenza non si sono mai verificati strani casi come quello accaduto sotto casa tua, alla macchina del tuo (ex) fidanzato, nella notte tra il 30 novembre e il 1° dicembre 2023. Strani casi in cui in un primo momento sono stati chiamati in ballo uomini della tua scorta che poi, casualmente, sono stati allontanati dal tuo dispositivo. Tutte cose che – sia chiaro – a me non interessano. A me non interessa di te, del tuo ex compagno, della sua macchina, della tua scorta. Mi interessa del Paese. L'Italia ha messo il segreto di Stato su una sosta all'autogrill. Non ti sembra ridicolo e assurdo? Togli il segreto, tu puoi farlo. E piuttosto vieni in aula e mettici la faccia, spiegando che cosa hai fatto sulla vicenda Al-Masri e chi ha utilizzato in modo illegittimo Paragon.
Un saluto, a presto,
Matteo»

Chissà se Giorgia Meloni risponderà a questa missiva. Spero tanto che lo faccia. E apprezzerei se davvero desse un segno di civiltà politica rimuovendo il segreto.

Ho insistito molto su questa storia perché mi sconvolge il comportamento di Fratelli d'Italia ma molto di più mi preoccupa il Grande Fratello che qualcuno immagina di attivare alle spalle di cittadini ignari.

Quello che è certo è che il modo con il quale Alfredo Mantovano sta gestendo il pacchetto servizi e cybersicurezza è decisamente al di sotto delle aspettative. La nomina di Frattasi, un prefetto non all'altezza di capire le sfide dell'innovazione tecnologica; la scelta di schierare il Dis contro la procura di Roma; l'attacco personale a Lo Voi utilizzando materiale informativo molto riservato sui voli di Stato; la decisione di autorizzare un volo della Cai per Al-Masri quando formalmente tutto era ancora da decidere; la scarsa chiarezza su Paragon rendono traballante la posizione di quello che sarebbe dovuto essere il più solido collaboratore di Meloni.

E se quello bravo, Mantovano, si comporta così, potete immaginare gli altri. Gli altri di Fratelli d'Italia, dico. I camerati.

Li chiamo «camerati» perché ormai si può. Ha sdoganato il concetto il presidente del Senato, Ignazio La Russa. Confesso di ritenere La Russa – diversissimo da me per idee, cultura politica e stile di vita – una persona in privato molto simpatica. E, a differenza di altri, mai l'ho attaccato sul piano personale quando la sua famiglia ha dovuto affrontare vicissitudini giudiziarie sulle quali mai ho speso una parola e mai lo farò: di certe vicende parlano i magistrati con le sentenze, non l'opinione pubblica su X. Vale per la famiglia di La Russa, vale per la famiglia di Beppe Grillo: io non faccio il giustizialista con i figli degli avversari politici. Nemmeno con i leader di quei partiti che hanno squallidamente maciullato la vita dei miei genitori o della mia famiglia. Non rendo pan per focaccia: io rispetto la famiglia e aspetto la giustizia. Punto.

Politicamente però La Russa ha un modo di presiedere l'aula che è divertente in tempo di pace. Ma diventa di parte quando ci sono tensioni tra governo e opposizione. Dico «di parte» e non «partigiano» perché non vorrei che a La Russa venissero le bolle a sentire queste parole. Non si irrita, il presidente del Senato, invece, quando pubblicamente gli dico «Camerata La Russa». A parti invertite, se mi avessero detto «Camerata Renzi» avrei richiamato all'ordine il senatore e proposto un provvedimento disciplinare. Perché giudico offensivo essere definito «camerata». A La Russa invece no, magari fa pure piacere. Come quando gli urlarono «Fascista!» e lui rispose con un sorriso e la sua roca voce inconfondibile: «Adulatori!»

I fatti, prima di qualsiasi commento. I fatti, perché sono utili a capire come funziona l'attività in Parlamento da quando l'influencer si sente sotto attacco. I fatti, nella loro semplicità.

28 dicembre 2024. Si vota in Senato la legge di bilancio. È accaduta una cosa vergognosa. Il governo ha impedito la discussione parlamentare alla Camera stravolgendo con tre maxiemendamenti – presentati nottetempo – il testo a metà dicembre. Quindi non c'è più tempo per tutte quelle normali attività che si fanno in questi casi: audizioni, emendamenti, subemendamenti, discussioni, trattative. No. Di fatto il Parlamento diventa un timbrificio del governo che fa e disfa. I parlamentari di maggioranza sono le *majorettes* dell'esecutivo: applaudono e dicono di sì, a tutto, in una logica da timbrificio tipica più delle autocrazie che della democrazia liberale e parlamentare. Ci sono parole che spiegano meglio di tutte le altre il valore del voto sul bilancio e di adeguati tempi di discussione perché una democrazia parlamentare possa definirsi realmente tale.

«Democrazia parlamentare significa che il Parlamento decide. Democrazia parlamentare significa che il Parlamento è centrale. E di grazia posso chiedervi dove è la democrazia parlamentare nel momento in cui il Parlamento non può discutere la legge di bilancio che vi segnalo essere la prima prerogativa dei parlamenti dalla fine delle monarchie assolute e quindi più o meno dal diciassettesimo secolo? Perché se al

Parlamento gli togliete la legge di bilancio vi comunico che non c'è più la democrazia parlamentare e non c'è più manco il Parlamento.» Parole chiarissime. Se togliete la legge di bilancio non c'è più «manco il Parlamento».

Chissà se Giorgia Meloni ricordava queste parole illuminate mentre impediva la discussione in aula sulla legge di bilancio. Io me le ricordavo bene. E sapete perché? Perché sono parole che ha pronunciato proprio lei, Giorgia, nel 2019, quando era ancora una parlamentare dell'opposizione e non un'influencer globale.

Siamo in aula, allora, tra Natale e Capodanno. A votare una legge di bilancio che non abbiamo potuto discutere. Prendo la parola a nome di Italia Viva. E, come accade regolarmente da quando abbiamo ricostruito la prospettiva del centrosinistra, nei banchi di Fratelli d'Italia si creano capannelli *ad hoc* per disturbare l'intervento. Si alza la voce, si sghignazza, si commenta. Niente di nuovo. È una tattica sperimentata. Si cerca di far perdere il filo all'oratore, di fargli saltare pezzi del discorso, di spezzettargli il ritmo, visto che i tempi in aula sono contingentati e serrati. Poco male, per me. Ho fatto l'arbitro di calcio in seconda categoria in Maremma e in Garfagnana, figuriamoci se mi faccio condizionare da qualche aspirante bullo di Fratelli d'Italia. Per di più vado a braccio negli interventi, non leggo. E dunque non ho problemi. Quando devo chiudere, chiudo.

Istituzionalmente, tuttavia, mi dispiace che il presidente del Senato, sempre pronto a richiamare l'opposizione, permetta agli sgherri del suo partito di disturbare un parlamentare dell'opposizione. Perché, se la cosa non mi infastidisce personalmente, sono istituzionalmente colpito dalla mancanza di sanzioni verso chi disturba l'opposizione. Quando in un'aula parlamentare si cerca di far tacere l'opposizione non è mai un bel segno.

Quando eravamo al governo a noi hanno fatto di tutto. Le opposizioni occupavano i banchi del governo, ci urlavano i peggiori insulti, gridavano offese fino al terzo grado di parentela inclusa. Quando avevi contro Di Battista alla Camera o la Taverna al Senato, ed erano i grillini dei primi tempi, altro che i compassati parlamentari di oggi: ogni volta che mi presentavo in aula erano fischi, polemiche, scontri verbali. Devo dire: ci sta. Non è il mio stile, ma ci sta. Da parlamentare dell'opposizione io ho un altro metodo di lavoro. Ma finché l'opposizione contesta il governo, siamo nell'esercizio della democrazia.

Non funziona più invece quando i senatori della maggioranza disturbano o interrompono un parlamentare dell'opposizione. Questo non si fa. E se il presidente del Senato si mostra solidale con loro è un precedente gravissimo. Perché il presidente del Senato è l'arbitro. Non è un giocatore, mai. Mentre parlo in aula il 28 dicembre, critico pesantemente il governo. E trovo non solo il consenso di tutta l'opposizione, cosa che raramente mi accade. Ma trovo persino la sponda della Lega: il capogruppo Romeo interviene in aula – e prima ancora sulla stampa – per dire che molti dei temi che ho presentato sono veri. Anche sul metodo dei lavori. Fratelli d'Italia soffre questo intervento e i senatori si sparpagliano in gruppetti per creare un brusio di sottofondo. Quando nel corso del mio ragionamento evidenzio questo discutibile atteggiamento, La Russa interrompe me. E critica me. Anziché far tacere i suoi compagni di partito che disturbano un discorso dell'opposizione che evidentemente fa loro molto male, lui interrompe me. Mi dice che il rumore è accettabile, richiamandosi a non so quale articolo del regolamento. Ma soprattutto mi intima di non dare lezioni. Io non accetto che il presidente del Senato interrompa un senatore dell'opposizione, a maggior ragione in diretta televisiva: «Lei deve abituarsi, camerata La Russa, a rispettare l'opposizione in quest'aula e a non interrompere in diretta televisiva».

E siccome La Russa si stizzisce se io critico Meloni sui contenuti ma nulla dice se lo definisco «camerata», posso ben chiamare «camerata» lui e tutti i suoi amici di partito. Mi spiace solo che non si sentano offesi.

Il camerata La Russa, peraltro, ha un comportamento non consono a quello della seconda carica dello Stato come dimostrato nel momento in cui una nostra brava senatrice, Dafne Musolino, denuncia pubblicamente le *avances* politiche del presidente che prova a convincerla a passare in maggioranza. Mai visto un tentativo così goffo ed esplicito, peraltro condotto nella sala da pranzo dei senatori senza alcun pudore o decenza.

Quando critichiamo nel merito la conduzione di un presidente così strampalato dobbiamo pensare che parliamo di un uomo che ha smesso di lavorare per le riforme istituzionali buttandosi invece sulla riforma del burraco. Intervenendo nella cornice istituzionale di *Un giorno da pecora* La Russa ha rilanciato sulla necessità di «un burraco *friendly* oltre a quello serio perché in quello serio vedo un po' tutti arrabbiati, serve un gioco meno competitivo, più amichevole». Ecco come avvicinare finalmente le istituzioni alla gente: basta parlare di presidenzialismo, buttiamoci sul burraco *friendly*. Così la gente che gioca a burraco si arrabbia e urla di meno: messaggio in codice dal senato a Palazzo Chigi, si capisce.

La Russa organizza le partite della Nazionale parlamentari e porta negli spogliatoi tutti a cantare con Rita Pavone. La sua musa ispiratrice, pare. *De gustibus non est disputandum*, dicevano i latini. Uno può ascoltare Rita Pavone e magari altri possono amare Taylor Swift. Quello che non è accettabile – un insulto vero e proprio – è la frase che La Russa dice a commento delle elezioni americane: «Ora voglio vedere Taylor Swift [la cantante più famosa al mondo, che aveva annunciato di votare contro Trump, *N.d.A.*] in prima linea con Hamas. A cantare, naturalmente». Questa frase è tecnicamente un'idiozia. E un insulto a milioni di ragazze, e non solo ragazze, che amano Taylor Swift. Dire che siccome Swift ha votato Kamala Harris deve andare con Hamas questo significa non capire nulla di musica, non capire nulla di politica americana, non capire nulla del conflitto in Medio Oriente. Oltre che non capire nulla di cosa deve fare un presidente del Senato. Posso scriverlo chiaramente: questa frase non fa ridere. È una frase che dimostra che Ignazio La Russa dei temi appena citati non capisce nulla. Non è polemica, la mia, ma solo un'amara constatazione della realtà.

Qualcuno dice: «Ma lui è lì grazie a voi», accusando Italia Viva di aver contribuito in modo decisivo all'elezione di La Russa a scrutinio segreto. È incredibile come una bugia ripetuta costantemente diventi una verità, nonostante ci siano stati persino operatori televisivi che hanno ripreso la durata della permanenza nella cabina per capire chi può aver scritto un nome e chi invece abbia votato bianca come l'opposizione aveva deciso di fare. La Russa partiva da una base di 99 voti della sua maggioranza. Per essere eletto al primo scrutinio, gliene servivano 103, ne ha ottenuti 116.

Ora ammettiamo pure che i cinque senatori di Italia Viva abbiano votato, tutti e cinque, per La Russa, cosa che è evidentemente falsa. Ma ammettiamo per un attimo che sia così. Anche senza i cinque voti, che non ci sono stati, comunque La Russa avrebbe ottenuto 111 voti. E sarebbe stato eletto comunque. Perché per raggiungere il quorum La Russa è stato eletto con i voti di parlamentari del Pd o Cinque Stelle. La matematica è più forte delle *fake news*. Chissà se il pallottoliere potrà un giorno stoppare le palle che dicono su di noi. Chissà.

Nel dubbio noi siamo gli unici che non hanno nemmeno una commissione parlamentare. Perché Meloni e La Russa non amano il nostro modo di fare opposizione. E dunque al Pd hanno dato il Copasir, ai Cinque Stelle la vigilanza Rai, a gruppi parlamentari che non hanno la presenza in entrambi i rami del Parlamento hanno dato qualche presidenza. È forse la prima volta da decenni in cui un partito che ha un gruppo costituito in entrambi i rami del Parlamento non ha una presidenza di commissione. Se pensano di intimidirci così, non ci conoscono.

Ma tanti altri sono i camerati dell'influencer che concorrono a squalificare le istituzioni. Alcuni stanno al governo. Sono le persone che ha scelto l'influencer, direttamente lei. Non sono persone che lei si è trovata lì per equilibri politici o incrostazioni burocratiche.

Per esempio, quando c'è stato da scegliere la persona per aiutare Nordio a riformare la giustizia, Meloni ha fatto una scelta che dice molto di lei e del suo senso delle istituzioni.

Il sottosegretario alla Giustizia, Andrea Delmastro Delle Vedove, è infatti uno dei più incredibili prodotti del vivaio meloniano. Si occupa di giustizia e ha costruito un ottimo tandem professionale con il magistrato Giusi Bartolozzi, capo di gabinetto del ministro Nordio. I due – Delmastro e Bartolozzi – sono considerati la vera coppia forte, in alcuni casi più forte persino del ministro. Delmastro conosce bene la giustizia perché è un avvocato. È stato anche l'avvocato personale di Giorgia Meloni, per dire.

Ma la conosce anche da imputato. Sia in un procedimento in cui è stato condannato, notizia certa sulla quale però Delmastro Delle Vedove non vuole dire nulla di più. Avendo lui pagato, la condanna è estinta. E dunque nessuno sa per cosa sia stato condannato il sottosegretario che si occupa di giustizia su delega di Giorgia Meloni. Che chiede le dimissioni degli avversari se indagati e mette i condannati a guidare la giustizia. Siamo un Paese in cui un cantante come Emis Killa decide di non partecipare a Sanremo perché indagato, ma un politico come Andrea Delmastro Delle Vedove guida il ministero della Giustizia da condannato. Non fa una piega, no?

Ma Delmastro conosce bene la giustizia da imputato anche perché è stato processato in primo e in secondo grado per una brutta storia. Intendiamoci: noi siamo garantisti e rispettiamo le sentenze. Abbiamo però anche il difetto di leggere le motivazioni delle sentenze. E alla fine di questa storia sono certo che un brivido percorrerà la vostra schiena.

Siamo nel 2004. Campagna elettorale per le Europee. A Biella arriva per l'appunto proprio Ignazio La Russa, che però in questa storia – diciamolo subito – non c'entra granché. Dal palco gli esponenti della destra invitano a votare Alleanza Nazionale e tra gli organizzatori c'è il parlamentare di An di quel collegio, Sandro Delmastro Delle Vedove. Avvocato. Ha due figli. Una, Francesca, farà dopo tanti anni la sindaca in un piccolo comune della provincia, Rosazza, famoso per le svastiche e per i simboli massonici. E proprio a Rosazza si terrà una strana festa di Capodanno 2024 in cui, in presenza di alcuni deputati e uomini della polizia penitenziaria, qualcuno tirerà fuori una pistola e farà partire un colpo. È una vicenda su cui è in corso un processo, non dico altro. L'altro, Andrea, diventerà il braccio destro di Meloni e poi anch'egli seguirà le orme del padre in Parlamento. Più figli d'arte che Fratelli d'Italia, ma questa è un'altra storia.

Torniamo al comizio di La Russa a Biella. È il 14 maggio del 2004. A distanza di pochi metri dai giardini Zumaglini, dove si svolge l'evento, ci sono due clochard. Sentono parlare La Russa e gridano qualcosa contro di lui. Si dice che espongano anche un'immagine di Che Guevara, non è chiaro. Uno di loro si chiama Michele Cannarozzi, ha cronici e ben visibili problemi di alcolismo. Una decina di ragazzi che partecipavano al comizio raggiungono Cannarozzi. Viene colpito. Ha trentacinque giorni di prognosi, una mandibola fratturata e perde sangue dall'orecchio.

Ma in carcere finisce lui, per resistenza a pubblico ufficiale. E poco importa che nella sua lettera dal carcere scriva all'avvocato: «Egregio avvocato, sono Cannarozzi Michele, per intenderci il ragazzo aggredito da Alleanza Nazionale».

Lui non ha dubbi su quello che è successo e su chi gli è andato incontro per picchiarlo. Lo dice, lo scrive, lo conferma. Poco importa agli inquirenti che lui indichi addirittura subito chi lo ha colpito mettendo a verbale questa frase: «Il mio aggressore era trattenuto da altre persone. Io l'ho indicato all'ispettore, aveva ancora le due stampelle in mano. Preciso che erano in alluminio con l'impugnatura azzurra o blu». E infine mette a verbale che colui che lo colpisce «ha gli occhiali, è alto 1,70, ha i capelli corti».

Non deve essere difficile capire chi avesse le stampelle quel giorno. E chi tra i vari presenti fosse alto un metro e settanta, con gli occhiali, i capelli corti. E dunque chi fosse il responsabile del pestaggio a freddo di un clochard. Del pestaggio vigliacco di un senza fissa dimora con problemi di alcolismo. Basterebbe sentire qualche testimone, fare qualche atto di indagine. Nulla.

Gli imputati, tra cui Delmastro, vengono assolti. Nessuno sa chi avesse le stampelle quel giorno. O meglio, chi lo sa non lo dice. Omertà incredibile, come è costretto ad ammettere chi legge le motivazioni della sentenza. Davvero sconvolge ciò che scrive il giudice a proposito delle indagini e delle modalità con cui vengono condotte. L'agente che riceve la deposizione della vittima del pestaggio (vittima che, ricordiamolo, viene arrestata, mentre i responsabili del pestaggio no) «si limitò a redigere un'annotazione di servizio e seppure egli stesso avesse avuto sentore che la prima prognosi fosse sottostimata, egli né d'iniziativa, né su disposizione del proprio dirigente, svolse ulteriore attività di polizia giudiziaria e soltanto in data 25 maggio 2004 venne depositata una laconica e stringata informazione presso la procura di Biella».

Sono le parole della sentenza con cui il giudice – che pure assolve Delmastro e i suoi camerati – definisce questa una «rimarchevole negligenza»

Gli agenti non indagano ma nessuno prende provvedimenti disciplinari contro di loro.

E scrive il tribunale nella sentenza di assoluzione: «Lo scrivente giudice non può che rilevare come risulti gravemente anomala e stigmatizzabile l'evidenziata inerzia da parte degli organi di polizia giudiziaria che ebbero diretta cognizione della *notitia criminis*... Senza trascurare poi la gravità oggettiva del fatto verificatosi in piena campagna elettorale, in esito a un comizio organizzato da una formazione politica... Francamente sconcerta che in senso tecnico nessun atto di polizia giudiziaria venne compiuto nell'immediatezza e nei giorni successivi e che nessuna persona venne assunta a sommarie informazioni».

Un'indagine vergognosa salva i protagonisti di un pestaggio squallido. Perché poi fare a botte è assurdo. Ma andare in tanti contro uno a picchiare un clochard ubriaco è roba da infami. Emilio Vaglio era allora assessore provinciale a Biella per Alleanza Nazionale. I giornali riportano che, dopo il fatto, raccoglie la confessione di chi gli avrebbe detto «di aver spaccato il muso al comunista provocatore». Una volta che questa notizia diventa pubblica, Vaglio viene espulso da Alleanza Nazionale. Sono coincidenze, si capisce.

Questi sono i fatti. Andrea Delmastro Delle Vedove è un cittadino innocente su questa vicenda. Ma il pestaggio di un clochard malato e alcolizzato, poi deceduto qualche anno dopo, rimane senza responsabile perché le indagini sono fatte male, molto male. Come rimane senza colpevole l'omicidio di un altro clochard, Augusto, avvenuto a Biella due anni prima. E anche su questa vicenda c'è troppa omertà. Ma piano piano il muro del silenzio pare che si stia sgretolando. Meglio tardi che mai.

Diciamo che almeno come imputato Delmastro può essere considerato un esperto di giustizia. Non a sufficienza, pare. Perché la prima cosa che fa quando diventa sottosegretario è passare al suo coinquilino Giovanni Donzelli, camerata su cui arriviamo in conclusione di questo capitolo, le informazioni riservate su una visita in carcere di alcuni parlamentari del Pd.

Al netto della vicenda giudiziaria, al momento ferma in primo grado con una condanna di Delmastro a otto mesi per rivelazione di segreto, c'è un punto politico: l'utilizzo di documenti riservati delle istituzioni per colpire l'opposizione. Se vuoi attaccare il Pd per il 41 bis o per quello che ti pare, fallo, perché è tuo diritto. Ma utilizzare le istituzioni e i documenti riservati, no, perché questo denota il senso di un'impunità generalizzata sotto il profilo processuale. Ma soprattutto la superbia di chi si sente superiore a tutte le leggi, a tutte le regole, a tutto e a tutti.

Quando si inaugurano i nuovi automezzi della polizia penitenziaria, il sottosegretario esprime la sua «intima gioia» con un discorso che fa accapponare la pelle. E che dovrebbe far trasecolare i liberali e i cultori della civiltà giuridica. Dice Delmastro: «L'idea di vedere sfilare questo potente mezzo, l'idea di far sapere ai cittadini chi sta dietro a quel vetro oscurato, come noi incalziamo chi sta dietro quel vetro oscurato, come noi non lasciamo respirare chi sta dietro quel vetro oscurato, è sicuramente per il sottoscritto un'intima gioia».

Non lasciare respirare un detenuto è la cosa più odiosa che

uno Stato democratico possa fare. Non importa andare con la mente alle immagini dei detenuti uccisi negli Stati Uniti, come George Floyd, l'afroamericano ucciso strozzato a Minneapolis dalla polizia mentre diceva «Non riesco a respirare» e che provocò un'ondata di comprensibile indignazione e di meno comprensibile violenza. Ma il detenuto deve respirare. Lo Stato toglie la libertà a chi è responsabile di un crimine, ma non può togliere il respiro. Non può togliere la vita. E se un cinico o un sadico al bar dello sport può dire di godere perché un detenuto soffre, questo non è consentito all'uomo delle istituzioni. Giorgia Meloni dovrebbe mandare a casa Delmastro Delle Vedove perché è un uomo sadico, non per i suoi processi.

E Nordio dovrebbe chiarire perché il direttore del Dap, la struttura che gestisce le carceri, il bravo magistrato Giovanni Russo abbia deciso all'improvviso di lasciare la gestione del dipartimento. Abbiamo chiesto con un'interrogazione parlamentare se Russo abbia mai posto formalmente o informalmente, privatamente o pubblicamente, al ministro Nordio dubbi o preoccupazioni sulle procedure e sulle modalità con le quali vengono assegnati decine e decine di milioni per l'edilizia carceraria. Ovviamente non ci hanno ancora risposto. E non credo che lo faranno. Perché saremo anche in una democrazia parlamentare, ma i camerati sono allergici al sindacato ispettivo.

Quello che mi colpisce della destra italiana è aver perso l'occasione per fare una grande battaglia culturale. Il primo governo veramente di destra poteva cercare di affermare l'identità della cultura di destra che spesso viene nascosta, derisa, denigrata. Ma c'è una straordinaria cultura di destra in questo Paese. Noi siamo debitori anche a un pensiero di destra. Non avremmo mai avuto la formazione di tanta parte della classe dirigente del Paese senza il liceo classico. Ma non ci sarebbe mai stato il liceo classico senza Giovanni Gentile e la sua visione straordinaria. Però Gentile appoggiò il fascismo, dicono i critici. Certo. È vero. E questo segna l'eredità politica della sua figura. Ma nessuno può togliergli il merito storico di aver costruito il modello del liceo classico. E il fatto che egli fosse legato a Mussolini e al fascismo nulla toglie alla grandezza della sua produzione culturale e nulla toglie al giudizio sul fatto che il suo omicidio fu la pagina più triste della storia della Resistenza fiorentina. «Bella impresa uccidere un povero vecchio» avrebbe detto il pittore Ottone Rosai a Bruno Fanciullacci, che fu fisicamente il killer del filosofo.

La cultura di destra meriterebbe di essere espressa, difesa, valorizzata. E naturalmente discussa e contestata, perché il dibattito pubblico serve anche a questo. In particolar modo in tempi di *cancel culture*, *woke*, distruzioni dell'identità, quanto sarebbe bello confrontarsi in modo adulto e dialogico con la cultura di destra. Avrebbero potuto scegliere come ministro un Giordano Bruno Guerri, un Marcello Veneziani, un Pietrangelo Buttafuoco. È vero: nessuno di loro ha l'autorevolezza e la profondità di pensiero di un Chesterton o di uno Scruton, ma si tratta di persone degne di stima. Comunque.

E invece la Meloni sceglie due giornalisti, uno peggio dell'altro. Gennaro Sangiuliano prima e Alessandro Giuli poi. Ma come si fa? Hai finalmente la possibilità di incidere sulla cultura del Paese e metti Sangiuliano? Sangiuliano ormai è passato alla storia come il ministro che litiga con una sua collaboratrice/amante/amica (e chi ci ha capito qualcosa è bravo, *Beautiful* in confronto è molto più semplice) che addirittura lo colpisce in testa così da farlo presenziare alle riunioni preparatorie del G7 con un vistoso taglio. Gli esperti dicono taglio da colpo di tacco ma per chi ama il calcio come me il colpo di tacco è roba da Socrates, non da Sangiuliano.

Spiace che Sangiuliano sia ricordato per le lacrime al Tg1 e per la storia della sua chat con la sua collaboratrice di Pompei, che ricorda più una celebre gag di Checco Zalone e Vanessa Incontrada a *Zelig* che non un corretto utilizzo delle procedure ministeriali. Perché Sangiuliano non è solo il ministro della Cultura che più si è reso ridicolo nell'intera storia repubblicana, confermando il talento di Giorgia per scegliere i collaboratori peggiori, no, non c'è solo questo. Sangiuliano è il ministro che va in giuria di un premio letterario famosissimo, lo Strega 2023, esprime il voto e poi dice a un'attonita Geppi Cucciari che conduce la serata che «no, non ho letto i libri ma spero di farlo presto. Proverò a leggerli». E lo dice così, dopo aver espresso il proprio voto. Sangiuliano forse per questo cancella la 18App, una misura che avevo voluto dopo il terribile attentato del Bataclan per avvicinare i ragazzi alle librerie, ai teatri, ai musei, ai concerti: gli editori lamentano un danno di ventitré milioni di euro, ma il danno morale e culturale ai ragazzi come si misura?

Sangiuliano spiega che Cristoforo Colombo prende spunto dalle teorie di Galileo Galilei, chiarissimo segno di preveggenza perché lo sbarco in America del 1492 avviene settant'anni prima che lo scienziato nasca a Pisa. Sangiuliano è un esperto di geografia e soprattutto di città tanto da collocare la newyorchese Times Square a Londra, non si capisce se confondendola con Piccadilly Circus o Trafalgar Square. Sangiuliano spiega che festeggiare i 2.500 anni di Napoli significa festeggiare due secoli e mezzo, inciampando insomma su uno zero. Per poi dare la colpa al proprio social media manager.

Sangiuliano non è più ministro e noi fortunatamente non lo paghiamo più. O meglio lo paghiamo ancora perché è un giornalista Rai, almeno fino a quando non privatizzeremo viale Mazzini. E dagli studi Rai continua a meravigliarci con le sue chicche, mentre al Collegio Romano è arrivato Alessandro Giuli, altro giornalista, cresciuto nelle sezioni missine di Colle Oppio e della Garbatella. Tutti di lì, insomma.

Si definisce «un vecchio camerata che oggi ammira Gramsci». Suona in tv il flauto del dio Pan e si dichiara «estimatore del paganesimo»: direi il ministro perfetto per la Roma del Giubileo, perfetto. Non riesce a laurearsi fino ai cinquant'anni ma attacca gli avversari ironizzando – ad esempio – sulla mia capacità cognitiva. Che confesso non essere evidentemente adeguata se non capisco come possa uno studente fuori corso ignorante persino in geografia (in aula parla di una inesistente provincia di Spoleto) essere il custode del pensiero della destra moderna. Destra moderna che nomina alla guida della principale azienda del Paese per i servizi culturali un ex assessore comunale al sociale di Frosinone, tal Tagliaferri, scelto dal governo non si capisce perché. L'unica cosa che giustifichi la sua nomina potrebbe essere il rapporto di amicizia o stima (reciproca?) con Arianna Meloni. Ma sinceramente ci sembra un po' troppo: la certezza è che con la cultura quel signore lì non c'entra niente. Ma ciò che sta accadendo nel frusinate merita spazio in altri luoghi, non certo in un libro che parla di politica, non certo in un capitolo che parla di cultura. Ciò che fanno i Fratelli d'Italia a Frosinone è talmente imbarazzante che riguarda altri settori dello Stato.

Questo è il livello della squadra di Giorgia Meloni: imbarazzante, una tribù di camerati impresentabili. Giusto un accenno ad Augusta Montaruli, già sottosegretario all'Università, poi dimessasi dopo una condanna passata in giudicato per utilizzo non corretto delle risorse pubbliche, che va in televisione e, per rispondere al deputato Pd Furfaro che la incalza sulla sua condanna, inizia ad abbaiare. Avete letto bene. Abbaia. Davanti a una pietrificata Tiziana Panella, conduttrice di *Tagadà*, Augusta Montaruli per ventotto volte in meno di due minuti dice «bau» per interrompere il collega Furfaro. Dal boia chi molla all'abbaia chi molla è un attimo. Il capogruppo alla Camera, Galeazzo Bignami, a carnevale si traveste da gerarca nazista. Il presidente della commissione Cultura alla Camera, Mollicone, si occupa di Peppa Pig. La capogruppo di Fratelli d'Italia in commissione Bilancio, Ylenia Lucaselli, confonde in diretta televisiva i gulag con il gulash. Non sono cattivi, sono impresentabili. E hanno un ruolo solo perché Giorgia Meloni li protegge, li promuove, li valorizza. Perché questi sono la classe dirigente, figuriamoci gli altri.

Ma se Montaruli, Bignami, Mollicone, Lucaselli possono essere iscritti nel capitolo cabaret e non fanno molti danni, sono quelli più vicini alla premier a preoccupare. Specie quelli al governo. Che dire di Daniela Santanchè, la cui tenace resistenza nel presentarsi contro tutti, compreso contro il suo partito, in aula per la mozione di sfiducia da cui viene salvata controvoglia è senz'altro indice di carattere. Non di coerenza, a dire il vero, visto che la Santanchè negli anni ha chiesto le dimissioni di tutti gli avversari politici, anche dopo un semplice avviso di garanzia. Ma al di là delle gaffes su Luchino Visconti o degli affidamenti diretti dell'Enit il punto più incredibile della vicenda Santanchè è quando la ex fidanzata di Berlusconi, Francesca Pascale, racconta di aver ricevuto come regalo delle borse Hermès false. E contestualmente un venditore ambulante che «opera» in Versilia, definito il Maradona dei falsi, spiega come effettivamente ogni tanto si fermerebbe nella tenda della Santanchè al Twiga per vendere alcuni prodotti. Detta fuori dai denti: se è vero – sottolineiamo il se, perché al momento siamo al parola contro parola – il racconto di Pascale e del venditore ambulante, il paradosso è che il governo che dice di combattere l'immigrazione e valorizzare il made in Italy ha un proprio componente che acquista prodotti contraffatti dai cosiddetti vu-cumprà. Tutto normale?

E soprattutto che dire di Adolfo Urso, che i giornalisti de *Il Foglio* chiamano Adolfo Urss Urso, per aver espresso frasi contro la globalizzazione e le multinazionali. Un uomo, Urso, che ha lanciato fondamentali iniziative come il Carrello Tricolore e i cartelli per i prezzi di benzina, due tra le più inutili campagne della storia italiana. Ho già ricordato come grazie alle brillanti strategie di Urso, la società Nebius che oggi capitalizza dieci miliardi di dollari abbia perso il contatto con Firenze e l'Italia portando i propri ingegneri a pagare le tasse in Olanda anziché da noi. E sospendo il giudizio su molte delle iniziative portate avanti dal ministro, a cominciare dal suo stretto legame con gli ucraini di Metinvest. La verità è che Urso ha bloccato il grande processo di Transizione 5.0: bastava copiare il modello e le procedure di Industria 4.0 che sotto il mio governo fu concepito e realizzato dai ministri Federica Guidi, prima, e Carlo Calenda, poi. Invece al momento in cui scriviamo il progetto è realizzato per meno del 10% e sono centinaia di milioni i denari bloccati dalla miopia burocratica.

Ma non è che Giorgia Meloni, poverina, sia sfortunata perché questi sono i personaggi con cui deve lavorare. Questa gente se l'è scelta, uno per uno, rifiutando la collaborazione di tante professionalità che dopo la sua vittoria alle elezioni si sono rese disponibili per dare una mano. Nulla, Giorgia non vuole quelli bravi: vuole solo quelli che dicono che lei è brava. Ma il fatto stesso che abbia scelto costoro dimostra che non è una statista, ma un'influencer che premia gli amici e non il merito.

Il simbolo più evidente, e più mediocre, è Giovanni Donzelli.

Il deputato, capo della segreteria di Fratelli d'Italia o comunque numero tre del partito, ma il primo nel ranking a non chiamarsi Meloni, è una vecchia conoscenza per noi fiorentini. Consigliere di facoltà, consigliere comunale, consigliere regionale, parlamentare. Una lunga gavetta fatta all'ombra della sua leader.

Ma è la persona di cui ho meno stima. E come potete immaginare in questa speciale competizione arrivare al primo posto non è facile, vista la concorrenza.

Conosco Giovanni Donzelli perché lavoriamo insieme da studenti universitari. Negli anni Novanta coordino un gruppo di ragazzi italiani che vanno nei locali a vendere *La Nazione* appena esce. Alla nuova generazione, cresciuta con i social e con gli iphone questo lavoro sembra ridicolo. Ma quando non c'erano le notizie minuto per minuto, internet ovunque, i social per informarsi, aspettare l'uscita del quotidiano era bellissimo. Il rumore e l'odore della rotativa segnano per molti di noi un pezzo di vita, bellissima come la nostalgia di un periodo in cui eravamo più giovani. Ho passato tante serate con Giovanni Donzelli ad attendere l'uscita de *La Nazione*. E poi qualche anno più tardi abbiamo condiviso anche qualche mattinata a fare lo stesso lavoro, anche se in quel caso il quotidiano era già uscito. Eravamo entrambi scout, anche se in gruppi diversi. E facevamo già un po' di politica, ovviamente su fronti opposti.

Quando io inizio la mia carriera prima in Provincia e soprattutto quando divento sindaco, Donzelli si costruisce un nome attaccandomi. E ci sta. È la politica, non mi stupisce.

Ma la cosa che mi fa male, molto male, è quando inizia ad attaccare la mia famiglia. Perché lui sapeva che i miei genitori sono brave persone. Lui spesso parlava con «la Lalla», che era (e fortunatamente è) mia mamma. E quando iniziano le polemiche giudiziarie Donzelli prima le cavalca, poi si nasconde dietro l'immunità da consigliere regionale per sfuggire a una sicura condanna per diffamazione. In quel momento misuro l'uomo. O meglio il quaquaraquà. Non ho bisogno di nessuna conferma per non avere di Donzelli alcuna stima. Non conosce il senso della parola onore, della parola dignità, della parola lealtà che pure gli scout cercano di insegnare fin dai lupetti. Perché si possono avere tutte le idee politiche di questo mondo. Ma c'è un limite umano che non può essere valicato. E attaccare a freddo persone che conosci pur sapendo chi sono, questo per me è oltre ogni regola morale. Scoprirò dalle chat del già citato libro di Giacomo Salvini che il giorno dell'arresto dei miei genitori per una inesistente bancarotta (saranno assolti per questa contestazione) che Donzelli esulta in chat. E al povero Guido Crosetto che prova a dire: «Di Renzi e dei suoi non mi importa nulla. Ma possono inquinare le prove? Scappare?» Donzelli replica sicuro: «Hanno inquinato continuamente le prove di truffe e raggiri. Spudoratamente. Era una vergogna che fossero ancora a piede libero». E insiste: «Io che sono dei ladri lo denuncio carte alla mano da anni. Mettendoci la faccia». Bene, ho una proposta per Donzelli, visto che lui ci mette la faccia, venga in tribunale rinunciando all'immunità parlamentare. Venga a provare quello che ha detto. Oppure a pagare i danni per i miei genitori e per i loro nipoti. Dice che ha le prove che sono dei ladri? Bene, le porti. E vediamo chi ha ragione. Piccolo bugiardo che prima tira il sasso e poi chiede di essere salvato dai suoi colleghi di partito.

La vita è strana. Il primo giorno della nuova legislatura, 13 ottobre 2022, il fratello di Giovanni Donzelli viene arrestato e posto ai domiciliari con l'accusa di distrazione patrimoniale a proprio favore. Io non esulto perché io, a differenza di Giovanni Donzelli, sono un uomo. E siccome conosco Niccolò Donzelli esprimo la mia fiducia nella magistratura ma anche il rispetto verso il Donzelli temporaneamente privato della libertà personale e dico che non attaccherò l'altro Donzelli, quello definitivamente privato di ogni sensibilità umana. Noi ci mostriamo per quello che siamo: diversi da loro. Diversi da lui.

Bruno Vespa qualche settimana dopo invita Donzelli a un dibattito con Maria Elena Boschi a *Porta a Porta*. Anche su Banca Etruria Donzelli aveva aggredito la famiglia Boschi. E anche Maria Elena sceglie un comportamento signorile dicendo a Giovanni: «Noi non ti attaccheremo mai per tuo fratello come tu hai fatto con noi». E lì il braccio destrissimo della influencer in capo tocca il punto più basso. E dice: «Mio fratello ha votato Pd, non me». Scaricare il fratello dicendo: «Lui vota per il Pd, non per me» significa ridefinire per sempre il concetto di meschinità umana.

Quando era scout Donzelli ha conosciuto i lupetti. Nell'ambientazione fantastica dei lupetti, Mowgli, il cucciolo d'uomo, combatte contro una tigre, Shere Khan. Ma la tigre non è il personaggio più negativo del libro. Ha una sua dignità Shere Khan: lotta, combatte, soffre. Il personaggio più squallido di tutti è lo sciacallo, Tabaqui, che fa da braccio destro, destrissimo, della tigre. E che come tutti gli sciacalli – cane leccapiatto secondo l'espressione dei Lupi – vive di piccole furbizie. Kipling fa dire a Tabaqui: «Certe volte mi sogno di svegliarmi una tigre e invece sono sempre uno sciacallo». Ecco, per me Giovanni Donzelli è Tabaqui. Spero solo che abbia il coraggio di rinunciare all'immunità parlamentare per rendere ragione in tribunale delle sue espressioni. Se come già accaduto in passato si farà scudo della sua posizione politica forse eviterà una condanna ma certo si dimostrerà un piccolo Tabaqui di seconda fila.

Fratelli d'Italia è un partito guidato da questa gente qui. Che ha massacrato la mia famiglia, certo. Ma che ha massacrato la famiglia del sindaco di Bibbiano, Andrea Carletti, che era innocente e che è stato oggetto di un massacro senza precedenti cominciato da Giorgia Meloni in prima persona. Diceva l'attuale premier: «Siamo stati i primi ad arrivare, saremo gli ultimi ad andarcene». Non ci è più tornata e sapete perché? Perché in questo comune a trenta chilometri da Reggio Emilia, culla del parmigiano reggiano, il presunto scandalo sull'affidamento dei minori non era uno scandalo. Il sindaco del Partito democratico è stato assolto dopo che in tanti – anche del suo partito – avevano avuto paura nel difenderlo. Non ero più nel Pd quando ho capito la gravità di quella storia e ci ho messo – nel mio piccolo – la faccia, difendendo quegli amministratori e le loro famiglie. Perché chi ci è passato sa che davanti a queste scene i primi che soffrono sono i congiunti, i figli.

Ma la questione personale è troppo importante per non affrontarla in un capitolo *ad hoc*. Giorgia Meloni ha scelto una squadra di impresentabili per poter sembrare meglio dei suoi collaboratori. Ma la verità è che la nostra premier è lei stessa molto peggio di come si racconta. La storiella di Giorgia, piccola fiammiferaia, fa acqua da tutte le parti. Accanto al volto angelicato della povera Giorgia c'è la storia molto diversa di una Meloni che vede negli altri i nemici e non gli avversari. E che vale la pena andare a raccontare visto che non lo fa nessuno.

3
Attrice, non statista. L'influencer e i rapporti umani

«Il miglior modo di vendicarsi è non somigliare a chi ci ha offeso.»

MARCO AURELIO

Giorgia Meloni è una straordinaria attrice. Interpreta ruoli e personaggi con grande disinvoltura. E in questo è figlia d'arte, anzi nipote d'arte.

Ha preso dalla nonna, Zoe Incrocci. Avete letto bene: la nonna della premier, di cui inspiegabilmente Giorgia parla poco, era una famosa attrice e doppiatrice. Ha vinto negli anni Novanta un David di Donatello. Nella sua lunga carriera ha lavorato con Totò e Tinto Brass, con Comencini e Brignano.

La famiglia Meloni ha nel sangue il cinema. Il marito di Zoe e nonno di Giorgia, Nino Meloni, era un regista. Il fratello di Zoe, Agenore Incrocci, era un famoso sceneggiatore che ha lavorato con Scola, Monicelli, Risi, Alberto Sordi.

Altro che famiglie di origini umili e sconosciute.

Chi è arrivato fino a qui si sarà reso conto che Giorgia Meloni è un'attrice migliore della nonna, vedendo le tante parti in commedia che ha recitato sino a oggi. Ma chi leggerà questo capitolo si renderà conto che Giorgia Meloni è regista e sceneggiatrice decisamente migliore di tutta la famiglia, vedendo che tipo di storia ha imbastito. E come tutti le abbiano creduto nonostante i tanti omissis. Oltre a qualche licenza letteraria che è difficile non catalogare come «clamorose bugie».

«Un effetto speciale senza una storia è una cosa terribilmente noiosa.» George Lucas è il padre di *Guerre Stellari* e una delle più brillanti menti della storia del cinema. Lui sì che si intende di effetti speciali, è stato senza dubbio il numero uno nel settore. Eppure dice una cosa semplice: non esiste effetto speciale senza una buona storia.

Eccolo qui uno dei segreti di Giorgia, uno dei princìpi che ha codificato nella sua azione politica. Serve la storia, serve sempre la storia. Servono lo storytelling, la narrazione, il racconto come direbbero gli esperti di oggi.

Una buona storia da costruire, limare o inventare. E poi da raccontare, sempre quella.

Il successo di Giorgia Meloni come influencer nasce quando capisce che ha bisogno di ripulire la sua immagine, ricostruendola ex novo. Bisogna segnare in rosso la data del maggio 2021, quando in libreria esce *Io sono Giorgia*, un libro sapientemente studiato e analizzato, che prepara la storia. Su cui Meloni proverà a inserire successivamente gli effetti speciali. L'importante però per la futura premier è presentare un racconto unitario della ragazzina underdog che diventa leader coraggiosa. E per farlo la maestria del taglia e cuci è straordinaria. Non si capisce la Giorgia Meloni di oggi senza aver letto quel libro. Ma la Giorgia Meloni del libro non è la Giorgia Meloni vera, come sa benissimo chi la conosceva da prima e chi la conosce da vicino.

Ciò che può apparire opaco viene ripulito e sbianchettato, le omissioni sono più importanti delle pagine scritte, i problemi della famiglia o della carriera politica infiocchettati con maestria. Meloni dice spesso di avere una sola faccia: può darsi ma no, non è quella, non è quella che mostra nel libro.

Eppure il libro è fondamentale perché diventa la fonte cui

si abbeverano i comunicatori della leader di Fratelli d'Italia ma anche – in modo incredibilmente acritico – anche i maggiori commentatori italiani.

Giorgia si presenta come underdog e glissa sulla costruzione della sua carriera, tutta basata sulle raccomandazioni di uomini forti, da Gianfranco Fini a Silvio Berlusconi.

Giorgia si racconta come coerente nella politica economica e internazionale e omette tutti i suoi repentini cambi di schieramento che la rendono una cintura nera di promesse disattese.

Giorgia si vanta di scegliere le persone migliori e abbiamo appena dimostrato come la sua squadra si strutturi intorno a un club di scappati di casa che faticherebbero a farsi nominare persino in una giunta comunale.

Ma è soprattutto nel rapporto personale e umano con la sua famiglia, con gli avversari, con gli amici che leggendo *Io sono Giorgia* si capisce come il presunto racconto-verità serva a costruire quella che gli esperti chiamano *brand identity* ma che spesso è molto lontana dalla verità.

Una premessa. In uno degli ultimi scontri personali privati avuti con Meloni, lei mi ha accusato di aver utilizzato in pubblico cose personali scritte tra di noi. È chiaramente falso. In più circostanze ho attaccato politicamente la nostra premier e posso immaginare che, visto come sta governando male, continuerò a farlo nei prossimi mesi. Giorgia ha l'abitudine di scrivere molto: WhatsApp non solo libri. Ma nessuna delle tante riflessioni personali che ci siamo scambiate è mai uscita dalla mia bocca, meno che mai dal mio pc. Insomma: quando critico Meloni per il suo atteggiamento personale non uso i WhatsApp che ci siamo scambiati tra noi. La dimensione umana per me viene prima di ogni conflitto politico e dunque i nostri WhatsApp personali rimangono e rimarranno sempre privati.

E peraltro non ho bisogno di sms per dimostrare la falsità della narrazione meloniana. Mi basta prendere il suo libro. Leggerlo. E confrontarlo con la realtà. Vi trovo omissioni, licenze letterarie, contraddizioni.

Intanto la famiglia. Giorgia presenta la famiglia come la cosa più importante del mondo. Ed è bello che sia così. Non è una famiglia di quelle «tradizionali» che tanto Fratelli d'Italia difende. Ma questo ormai è tipico della destra. Alice Weidel è la leader della destra radicale tedesca, Alternative für Deutschland. Per capire i tipini: la francese Marine Le Pen li ritiene troppo estremisti. Più in là di AfD ci sono solo i nazisti dell'Illinois e i Fratelli d'Italia a Biella, insomma. Alice è una donna, sposata. Viva la famiglia. Solo che è sposata con una donna. Sono contento per lei, e per loro: poco importa se il concetto di famiglia tradizionale vale solo per gli altri. Weidel vive in Svizzera, non in Germania: sono sovranisti ma stanno all'estero. La moglie viene dallo Sri Lanka: sono contro gli immigrati ma solo quelli/e di cui non si innamorano.

Dunque, la Meloni non è la prima leader di destra a difendere con toni accesi valori nei quali per prima essa stessa non si riconosce.

Ho firmato la legge sulle unioni civili perché la ritenevo e la ritengo giusta.

Il fatto di essere eterosessuale non mi attribuisce il diritto di negare a chi è omosessuale di amarsi e di prendere un impegno davanti alla società, al sindaco, alla comunità. Anzi. Mi sembra bellissimo e sono fiero della mia firma su quella legge.

Il fatto di essere cattolico non mi attribuisce il diritto di imporre agli altri le convinzioni etiche della mia fede religiosa. Anzi. È un dovere consentire a tutti di vivere la propria libertà nel rispetto della Costituzione.

Il fatto di essermi sposato con Agnese in chiesa non mi attribuisce il diritto di imporre a tutti la stessa cerimonia. Anzi.

Ricordo con grande gioia l'emozione di alcuni matrimoni che ho celebrato con la fascia tricolore in Palazzo Vecchio.

Davanti ai temi etici occorrono sensibilità e rispetto.

Giorgia Meloni ha votato contro la mia legge sulle unioni civili. Ha detto che lo ha fatto per difendere la famiglia fondata sul matrimonio di cui all'articolo 29 della Costituzione. Eppure non si è mai sposata. Ma nessuno di noi ha mai fatto una polemica su di lei o sulla sua famiglia, per questo. Abbiamo preso atto che lei ha votato contro la legge sulle unioni civili. E penso che con il senno di poi abbia capito che avevamo ragione noi e non lei a sostenere quella legge anche quando il popolo del Family Day mi attaccava dalla piazza. Piazza in cui c'era anche Giorgia, naturalmente.

Dunque noi non abbiamo mai sfruttato le ciclopiche contraddizioni del racconto di Giorgia Meloni per attaccarla sul piano personale. Perché abbiamo uno stile diverso dal suo. Perché noi saremo anche fuori di testa, come cantavano i Måneskin, ma diversi da loro. Molto diversi.

Ma il racconto ovattato, infiocchettato, anestetizzato della vita di Giorgia Meloni costruisce una narrazione politica parziale, falsa, ipocrita.

Giorgia Meloni si presenta come espressione di una famiglia priva di possibilità. Non lo è mai stata. E basta capire dove è cresciuta, alla Garbatella, per capire che non è così. Basta vedere l'album della sua famiglia per capire che non è così. Basta seguire la storia degli affari di suo padre, ma anche di sua madre e delle sorelle, per capire che non è così.

Giorgia non viene dalle borgate romane ma è un prodotto delle élite di questa città. Fa di tutto per togliersi i segni della propria appartenenza. Ma è una storia alla quale crede solo chi vuole credere alle favole.

La sua casa alla Garbatella, non propriamente Tor Pignattara o Tor Bella Monaca ecco, viene presentata come un paradiso perduto, un Eden smarrito per colpa di un incendio che distrugge l'intera abitazione. La storia è romanzata e non c'è niente di male nel farlo. I testimoni dicono che non è vero – come sostiene Meloni – che l'incendio abbia distrutto l'intero appartamento ma al massimo solo la finestra di una stanza. E lo dimostrerebbero i numeri: la casa della Garbatella viene venduta a un valore che è quattro volte superiore a quello di acquisto. I documenti ufficiali dicono centosessanta milioni di lire nel 1983, che non sono una cifra da buttare in quegli anni. Non è per niente la fuga tra i debiti e le difficoltà che si evoca nella narrazione degli adulatori.

Molto ruota attorno alla figura del padre, Franco. Viene descritto come una figura assente e lontana dalle esigenze della famiglia. Tutto posso (e soprattutto voglio) fare tranne che entrare in questa dinamica così intima. Che a mio giudizio non ha cittadinanza nel momento in cui dobbiamo discutere dei progetti e dei risultati di Giorgia Meloni politica. Ma siccome è la stessa leader di Fratelli d'Italia ad aver bisogno di parlare del padre per costruire il suo profilo di giovane donna abbandonata, be', allora diciamo anche le cose che nel libro Meloni omette.

È un giornale spagnolo a spiegare che il padre di Meloni non si rifà semplicemente una vita in Spagna ma viene condannato a nove anni di carcere per narcotraffico. La Meloni che attacca le famiglie altrui ha dimenticato questo particolare, nel suo libro, forse perché pensava che noi l'avremmo attaccata una volta scoperta la condanna. Ma io mai e poi mai attacco il padre di un'avversaria. O la figlia. O il compagno.

Non sopporto tuttavia il vittimismo ipocrita di chi racconta le storie solo a metà. Non mi interessa sapere che tipo di rapporti personali hanno avuto padre e figlia. Ma se viene raccontato che il padre lascia la famiglia in difficoltà economiche, be', va evidenziato come i rapporti tra il padre e la madre di Giorgia continuino anche dopo l'arresto. Sono rapporti professionali, quantomeno, visto che la mamma di Giorgia, la signora Anna, viene coinvolta nella galassia delle società dei soci del marito, a cominciare da quelle con Raffaele Matano, su cui non ho voglia né spazio per approfondire, ma che è comunque molto vicino al padre e poi legato da una relazione affettiva prima con la madre della premier e poi con la sorella della premier. Arianna? No Barbara. Perché Giorgia Meloni non ha solo Arianna, ma ha altre due sorelle, Barbara e Simona. E la condanna per bancarotta di Barbara Meloni non è mai entrata nel dibattito politico. Cioè, Giorgia Meloni ha accusato me per un'indagine finita nel nulla su mio cognato. Io non ho mai aperto bocca sulla sentenza passata in giudicato con cui è stata condannata sua sorella. Sua sorella, non mio cognato.

Fermiamoci, ho già il mal di testa a seguire tutti questi intrecci. Una soap sudamericana ha meno colpi di scena, credo. Capite che nessuno vuole aprire quella porta, scoperchiare la pentola dei mille intrighi societari tra Spagna e Italia e dei personaggi che continuano a segnare un ponte tra Franco Meloni, negli anni del carcere e in quelli successivi, e la signora Anna. La quale signora Anna viene presentata come una donna semplice, che va in giro nei mercatini a vendere candele profumate, seguita naturalmente dai rotocalchi e dai social del mondo vicino alla premier. La mossa di andare al mercatino a vendere candele è geniale: ristabilisce l'immagine della donna del popolo. Persino Lele Mora prova a copiarla andando qualche mese dopo anche lui a vendere i propri prodotti in un mercato rionale.

Perché tutto deve andare nella logica di dire che le donne di casa Meloni sono persone semplici, tranquille, alla mano. Lontane dal pericoloso mondo dei soldi facili e degli intrecci di potere. Peccato che ancora una volta sia una bugia, come svelano sul *Domani* Giovanni Tizian e Nello Trocchia. La mamma di Giorgia è tutt'altro che una sprovveduta. Nel 2012 lei e la migliore amica della premier, Milka di Nunzio, acquistano le quote di una società. Dopo quattro anni, nel 2016, vendono agli stessi da cui avevano comprato le stesse quote. Per un valore di venti volte superiore. Che plusvalenza, ragazzi. Hanno il senso degli affari queste donne. E vendono a Renzi. Intendiamoci, io non c'entro nulla, eh. E nemmeno la mia famiglia grazie al cielo. Ma l'imprenditore che permette questa bella plusvalenza alla mamma e alla migliore amica della premier si chiama Renzi, Lorenzo Renzi. Meloniano convinto, quando parla con i giornalisti passa da insulti a Mattarella a commenti razzisti: direi che è sicuro che non sia mio parente. Ma è interessante notare come nel 2016, nello stesso anno della plusvalenza, Milka di Nunzio diventi la committente responsabile della campagna amministrativa di Giorgia Meloni per il Comune di Roma. Piccole casualità, si capisce.

Nel frattempo la ditta che aveva permesso la plusvalenza alla mamma di Giorgia e alla mandataria di Giorgia, be', quella ditta all'improvviso fallisce dopo che è stata intestata a un cittadino extracomunitario. Un pakistano. Che evidentemente fa un lavoro che gli italiani non vogliono più fare: chiude l'azienda.

A dispetto della narrazione patinata del volume *Io sono Giorgia*, insomma, in casa Meloni uno spregiudicato senso degli affari non è mai mancato.

Il libro peraltro si apre con una dolorosa vicenda personale. La madre di Giorgia, Anna Paratore, sembra intenzionata ad abortire e non far nascere l'ultima figlia, la futura premier. E il libro racconta in modo molto emozionante la scena della signora incinta, che si avvia verso la clinica a digiuno per procedere agli esami preparatori dell'interruzione di gravidanza. Finché la giovane mamma non ha un sussulto. Si ferma. Rinuncia ad abortire all'improvviso mentre è già davanti alla clinica. E per suggellare la sua coraggiosa scelta entra in un bar davanti all'ospedale e fa colazione, interrompendo così il digiuno e dunque vanificando la fase preparatoria all'intervento.

La scena è davvero degna di un grande sceneggiatore e Giorgia Meloni ha la capacità di portarci dentro l'azione. Brava, bravissima. Peccato però che si tratti di una storia falsa. O comunque ampiamente romanzata. Perché Giorgia Meloni è nata nel 1977, in gennaio. E dunque questo episodio ragionevolmente e fisiologicamente si colloca a fine primavera del 1976. Ma la legge sull'interruzione volontaria di gravidanza in Italia è del 1978. Fino a quel momento gli aborti erano clandestini, certo non avvenivano in un ospedale con il bar davanti. La storia del libro se la sono bevuta tutti, con l'eccezione di Selvaggia Lucarelli, caustica penna del *Fatto Quotidiano*. Non mi posso certo definire un fan né di quella testata, né della giornalista ma debbo riconoscere che questa storia l'ho letta solo lì. Voi direte: vabbè, che cambia? Nulla. Per la storia politica di Giorgia Meloni assolutamente nulla. E mentre siamo felici che la signora Anna abbia continuato la gravidanza (diceva liricamente Tagore «ogni bimbo che nasce reca al mondo il lieto annuncio che Dio non è stanco dell'uomo»), ci domandiamo: ma che bisogno c'è, su una storia così delicata, di inventare una balla? Se la storia è vera, se i dubbi della signora Anna erano veri, perché rovinare un tormento interiore inserendo una patacca? Che bisogno c'è di infiocchettare la realtà? Lo fa per avere più pathos, più empatia, più commozione? O solo per mettere un effetto speciale che impreziosisca la storia? Non capisco. E se capisco, non condivido. Perché non mi sembra giusto sfruttare vicende di questo genere solo ai fini del consenso.

Quando Giorgia Meloni è stata attaccata per le foto con la figlia sull'aereo di Stato, noi l'abbiamo difesa. Perché non siamo come lei che sull'aereo di Stato ha – una volta di più – attaccato me e il mio governo. È normale che se usi l'aereo di Stato e viaggi con tua figlia, tua figlia viene con te. Se poi decidi di fare le foto perché vuoi prendere tanti like, e niente tira più delle foto con i figli per aumentare i followers, fai pure. La nostra premier ha in più circostanze messo sui propri social immagini molto tenere di lei e della piccola Ginevra. Di ritorno da un viaggio a Washington pubblica una foto molto dolce e scrive: «Io e te, che affrontiamo il mondo mano nella mano». Quasi centomila like. E non potrebbe essere diversamente. Ognuno fa le sue scelte, condividendole con l'altro genitore e, da una certa età in poi, con i figli.

Io non ho mai postato una foto con mia figlia che disegna sull'aereo di Stato mentre è costretta a venire con noi in Giappone perché non sapevamo a chi lasciarla e avevamo ricevuto con Agnese l'invito dell'imperatore e dell'imperatrice. Ester è venuta, è stata impeccabile, ha finito una scatola di pennarelli in volo, è scesa con me in Siberia durante la sosta per il rifornimento per vedere se faceva così freddo, ha osservato dall'alto la differenza tra le luci notturne della Corea del Nord e quelle della Corea del Sud. Tutte queste emozioni non sono finite in un post del babbo per prendere like. Se nel caso di analoghe emozioni di Ginevra Giambruno Meloni la sua mamma decide di pubblicarle, nessuno di noi si scandalizza. Magari ci piacerebbe ricevere le scuse per le cose che Fratelli d'Italia diceva contro di noi, in quel tempo in cui prendere l'aereo di Stato era considerata una bestemmia. Ma chiedere scusa è un gesto che le sorelle della Garbatella non conoscono.

Non chiediamo abiure o scuse a Meloni. Ci basta che risponda alle nostre domande.

Nel libro l'allora leader dell'opposizione sottolinea come l'acquisto della sua prima casa sia stata un'operazione condotta a prezzi più alti del mercato. Lo dice lei. Introduce lei il tema. Se ne vanta, ricordando una comparsata sull'argomento a *Un giorno da pecora*. Oggi l'acquisto della sua villa con piscina da oltre 400 metri quadrati per una cifra di poco superiore al milione di euro corrisponde al valore del mercato? Non so. Non faccio l'agente immobiliare. E non mi interessa stare su queste cose. Ma siccome sono argomenti utilizzati da Giorgia Meloni contro gli altri (anche nel libro *Io sono Giorgia* sottolinea la sua diversità rispetto agli altri politici sul tema immobiliare) è giusto che si faccia chiarezza. Abbiamo chiesto che la presidente risponda a un'interrogazione sui fornitori che hanno lavorato e lavorano nella sua abitazione privata per evitare conflitti di interesse e opacità su un tema – quello della casa – che Meloni, non noi, ha posto come fondamentale nella costruzione della sua storia personale. Come abbiamo chiesto di sapere se ci sono dei regali di valore superiore a quello previsto dal limite di legge che Meloni ha ricevuto come deputata e soprattutto come premier.

Non vogliamo passare dal *Signore degli Anelli* alla signora dei bracciali o delle borse o dei gioielli. Ma visto che più volte Meloni ha richiamato gli altri a stringenti regole di condotta morale pensiamo che sia giusto saperne di più. Se fai le pulci agli altri, poi non puoi fare la gnorri. Quello che stupisce è perché Giorgia non risponda: in fin dei conti queste domande sono facili, molto più facili delle ficcanti interrogazioni della stampa che chiede di non calpestare le formiche. È interessante fare chiarezza sulle risorse della premier, anche per capire chi paghi le vacanze alla famiglia. Io mi sono salvato perché ho sempre tenuto da parte tutte le ricevute e quando i Pm si sono messi in testa di farmi fuori hanno trovato regolarmente pagate le vacanze. La bella masseria in Puglia è stata saldata con regolare bonifico dalla famiglia Meloni o da amici? Chiedere è legittimo per l'opposizione, rispondere è un dovere per la maggioranza.

Masseria in Puglia che non ha portato benissimo alle vacanze di quest'anno.

Durante il turbolento mese di agosto, la Meloni protagonista in Puglia è stata la sorella Arianna. Sia per le sue vicende personali che per quelle politiche.

Per Giorgia, Arianna è intoccabile. È la sorella più grande, la compagna più fedele, la coperta di Linus. Il tutto. Ed è molto bello un rapporto così forte.

Il rapporto simbiotico della premier con la sorella comporta che solo in Italia, oltre che in Corea del Nord, quando non c'è il capo del governo è la sorella a chiudere le riunioni del partito. Si parte con la consueta premessa «L'Italia è stata svenduta a lungo» e verrebbe voglia di chiedere: chi ha svenduto cosa? Nel capitolo che seguirà, l'ultimo di questo libro, potremo finalmente capire chi ha venduto a soggetti stranieri le reti infrastrutturali o la compagnia di bandiera. Spoiler: il governo Meloni. Ma per chi crede nel libero mercato questa non è necessariamente una brutta notizia. Vabbè, difficile spiegare queste cose ad Arianna Meloni. Che invece appare molto preparata su Tolkien. Chi l'avrebbe mai detto, vero?

«Ho l'onore di essere la sorella di Giorgia Meloni, una grande donna a cui ho visto fare, in questa nuova fase, un salto 10 volte più alto di tutti questi durissimi anni: ha messo gli italiani prima della sua famiglia e di se stessa. Lei è il nostro Frodo e noi siamo la Compagnia dell'Anello. L'anello è pesante, dobbiamo aiutarla nella fatica di portarlo senza mai indossarlo: è ciò che ci siamo sempre promessi.»

Frodo, la Compagnia dell'Anello, il sacrificio personale: manca solo il flauto di Pan, si vede che Giuli non c'è mai quando c'è bisogno di lui. Nella sala dunque echeggiano toni mistici. Figuriamoci se qualcuno si mette a fare le pulci alle svariate nomine su cui Arianna Meloni ha detto la sua, da Ales con Tagliaferri al mondo di Sport e Salute con Mezzaroma. Alla Rai con... l'elenco qui sarebbe fin troppo lungo. No, no, di queste cose spicciole non ci occupiamo. Noi pensiamo a Frodo, alla Compagnia dell'Anello, alla povera Giorgia schiacciata dal peso del potere ma più forte dei nemici.

Questa narrazione esalta i tifosi. Tocca il cuore degli emotivi. Appassiona i professionisti del like. Alla fine anche Arianna chiude il discorso come una che voleva solo... cuoricini. La politica non esiste, spazio solo alle influencer. Non affrontiamo il dramma di un mondo geopolitico senza bussola, del sovranismo che è la vera sciagura per l'Italia che guadagna sulla globalizzazione, del ceto medio che non paga le bollette mentre il Cnel ritrova gli stipendi e Brunetta ritrova il sorriso. Brunetta peraltro ci starebbe benissimo nel *Signore degli Anelli*. No, non parliamo di tutto questo. Anche Arianna Meloni interviene come una influencer alla caccia dei cuoricini e il cui ruolo è concorrere al mito del capo.

Se il compagno, camerata Lollobrigida, diventa di intralcio in questa narrazione, via. Lo si fa fuori. Lo si licenzia con un articolo su *Il Foglio*. Purtroppo lo tolgono solo di casa e non dal governo: gli italiani che si occupano di agricoltura avrebbero fatto volentieri a cambio. Ma anche Arianna è un pezzo di questa narrazione. Ed è proprio nel nome di Arianna che parte il primo attacco a me, nell'agosto del 2024, molto prima della legge *ad personam*.

Pochi giorni prima di Ferragosto i gruppi parlamentari di Italia Viva chiedono conto di un certo attivismo di Arianna Meloni sulle nomine. O meglio domandano se davvero – come scrivono i quotidiani, perché la stampa è libera, che piaccia o meno dalle parti di Palazzo Chigi – Arianna Meloni abbia partecipato a incontri, anche telefonici, finalizzati ad alcune nomine in Rai e in Ferrovie dello Stato. Non diamo giudizi nel merito: vogliamo solo sapere, come è nostro diritto, se nel percorso di scelta delle nomine Arianna Meloni abbia avuto un ruolo o no.

Ancora una volta: è una semplice interrogazione. Perché non rispondere, smentendo se la notizia è falsa e confermando se la notizia è vera? Non c'è nessun reato. Nessun mistero. Nessun dramma. Ci sono delle domande cui vanno date le risposte come prevede la democrazia parlamentare oltre che l'etica del buon gusto.

Apriti cielo.

Si scatenano decine di dichiarazioni di Fratelli d'Italia contro di me e di noi. Vengo definito da alcune senatrici di Fratelli d'Italia «capobranco», «boss di provincia» che guida colleghe che farebbero parte «di una muta di cani». Questo linguaggio di odio, violento e squadrista è il modo con il quale il partito di maggioranza replica a legittime domande di un partito d'opposizione. Non è normale, credetemi.

Apro e chiudo una parentesi: per questo linguaggio il presidente del Senato avrebbe il dovere di richiamare le senatrici a un confronto più civile. Ma forse Ignazio stava giocando a burraco o era in tutt'altre faccende affaccendato. Vabbè, andiamo oltre.

Poiché la replica delle parlamentari non è sufficiente, Giorgia Meloni chiama in campo il suo coautore Alessandro Sallusti, direttore de *Il Giornale*, il quale ipotizza un complotto: «Vogliono indagare Arianna Meloni». In soldoni: la magistratura, una parte dei giornali e Italia Viva si sarebbero messi d'accordo per organizzare un complotto e indagare Arianna per traffico di influenze. Vi immaginate? Io che organizzo complotti assieme ai giudici (io!) perché arrivi un avviso di garanzia a una delle sorelle della premier!

Sallusti fa solo il mio nome nel pezzo, convinto «che ci sia appunto in corso una manovra occulta, campo in cui Renzi da sempre eccelle».

E chi commenta l'articolo fantasy di Sallusti? Direttamente lei, la premier che nel pomeriggio si fa sentire dicendo di credere alle manovre di «un sistema di potere che usa ogni metodo e ogni sotterfugio pur di sconfiggere un nemico politico che vince nelle urne la competizione democratica». Quindi, dopo aver «setacciato la vita mia e di ogni persona a me vicina, senza trovare nulla», adesso la Meloni considera le mie manovre occulte «un buon segno, perché queste mosse squallide e disperate da parte della peggiore politica significherebbero solo che stiamo smontando il sistema di interessi che tiene in ostaggio l'Italia da troppi anni».

La mia reazione è immediata: «Delle due l'una. O le sorelle Meloni sanno qualcosa che noi non sappiamo, e allora questa uscita serve ad aprire una polemica preventiva che capiremo nei prossimi mesi, oppure il ferragosto pugliese di Giorgia non è andato benissimo e qualche panzerotto è andato di traverso: dentro Fratelli d'Italia c'è troppo nervosismo. Nel dubbio segnalo quanto segue: 1. Io sono garantista e per me un avviso di garanzia non cambia niente: non sono giustizialista come quelli di Fratelli d'Italia, io. 2. Io non attacco la famiglia della premier per le vicende giudiziarie a differenza di quello che la Meloni fece con i miei cari. 3. Io continuo a fare opposizione in modo civile e senza insultare. Ma non permetteremo a nessuno di offendere le nostre parlamentari colpevoli solo di fare il proprio dovere. Chiediamo a Giorgia Meloni di prendere le distanze da chi insulta e rispondere in Parlamento nel merito alle nostre interrogazioni. E chiediamo al direttore Sallusti di smentire formalmente che ci sia un ruolo del sottoscritto o di Italia Viva in eventuali indagini giudiziarie su Arianna Meloni. Se qualcuno pensa di fermare le iniziative democratiche di Italia Viva e dei suoi gruppi parlamentari, be', quel qualcuno sappia che quelli come noi hanno subito vere e proprie aggressioni giudiziarie e social. Gli insulti di chi non sa risponderci nel merito non ci fermano, ma ci stimolano ad andare avanti con ancora più determinazione. Quanto a me, non saranno le loro meschine insinuazioni a fermarmi: non ci sono riusciti in anni di fango gratuito, non ci riusciranno ora. Buona domenica».

Capiremo soltanto dopo queste convulse ore che evidentemente Giorgia Meloni era a conoscenza di qualche potenziale problema. Tendo a credere che si trattasse dell'affaire Sangiuliano, i cui danni le sorelle della Garbatella sono riuscite a contenere. Anche grazie alle scelte dalla masseria. Ma mi colpisce come Giorgia mi soffra. Dicono tutti che ho solo il 3%, che ho poco consenso, che non faccio la differenza. Perché allora essere così impaurita da me?

Credo che la ragione principale sia il posizionamento politico. L'influencer non mi ha mai amato, come sa chi ricorda la sua opposizione ai tempi del nostro governo. Ma tutto sommato non mi ha mai attaccato quando rappresentavo in Parlamento il terzo polo, lucida intuizione politica disintegrata dalla vanesia e contorta personalità di Carlo Calenda. Quando dopo il mancato quorum della lista Stati Uniti d'Europa decido di abbandonare il sogno di un'alternativa a entrambi gli schieramenti e di conseguenza scelgo di stare in quella che è la mia casa naturale, la sponda riformista del centrosinistra, Meloni inizia ad attaccarmi. Io penso che su queste cose Giorgia sia molto attenta. Lei sa che se il centrosinistra va diviso alle prossime elezioni, lei resta a Palazzo Chigi. Se il centrosinistra va unito alle prossime elezioni, lei va a casa. Lo sa benissimo, perché capisce la politica. E perché – a differenza di certi profeti dell'altra parte del campo – sa che chi mette veti non prende voti.

Il mio 3% le fa paura, allora, molto più di quanto raccontino i freddi numeri. Perché se questo 3% sta con il centrosinistra cambia molto. La partita che lei pensava di aver già vinto diventa improvvisamente contendibile.

L'assist filtrante per Elly Schlein nella Partita del Cuore allo stadio dell'Aquila diventa nel racconto esagerato dei media il simbolo di una nuova alleanza. Ma anche l'incubo per un centrodestra che era già convinto di restare in sella per lustri. Nella politica di oggi le cose cambiano con più frequenza del tempo in montagna d'estate. E la costruzione di un nuovo centrosinistra, tutt'altro che agevole, è comunque la possibilità più concreta per consegnare al passato la stagione del melonismo. Giorgia lo ha capito. E dunque mena su di me, non perché sia il più popolare – tutt'altro – ma perché rappresento quel voto marginale che tolto a lei dà la vittoria al centrosinistra.

È per questo che negli uffici di Palazzo Chigi nasce la reazione agostana accusandomi di un complotto tanto inesistente quanto ridicolo. Ma soprattutto nasce il tentativo di cacciarmi dall'agone politico, buttandomi fuori senza troppi complimenti. Non che sia una novità: ci hanno già provato in tanti. Ma stavolta l'arma che viene usata è quella che tocca ciò che secondo Giorgia e i suoi è la cosa più importante di tutti: il portafoglio. Le statiste della Garbatella, insomma, credono che messo alle strette, dovendo scegliere tra i contratti di consulenza e la politica io sceglierei il denaro. Si accorgeranno soltanto a legge fatta che per me la libertà vale più del portafoglio.

La storia è semplice.

Da mesi si discute se modificare la legge sulle incompatibilità dei parlamentari. Una parte dei gruppi politici – ad esempio – chiede di introdurre tra gli elementi di incompatibilità il fatto di fare un secondo lavoro. Come dire: sei parlamentare? Fai solo quello. Punto. Nessuno che segga alla Camera o al Senato può accettare compensi come avvocato, ingegnere, professionista, conferenziere. Qualsiasi attività. Del resto questo tipo di divieto è in vigore per i membri del governo. Altri sono più selettivi e chiedono di introdurre un divieto temperato: alcune attività sarebbero per loro inconciliabili con l'azione di deputato o senatore. Ovviamente nessuno ha la verità in tasca su questi temi. In alcuni Paesi il parlamentare può fare un solo lavoro, nella maggior parte non è così. E al massimo si impedisce al membro del governo di fare anche un altro lavoro.

Io sono molto laico sul punto. Per me è fondamentale che le leggi siano valide *erga omnes*, per tutti. E nascono per un interesse generale, non per una polemica *ad hoc* contro qualcuno. Quindi ben vengano le modifiche alle leggi sulle incompatibilità. Come si fa in questi casi, è giusto ascoltare i tecnici, audire gli esperti in commissione, chiedere al centro studi un'analisi comparata di ciò che fanno anche gli altri Parlamenti.

Invece una notte di dicembre – zitti zitti per non farsene accorgere – i Fratelli d'Italia preparano la sorpresa. I collaboratori della Meloni ricevono l'input direttamente da Palazzo Chigi, pare dal sottosegretario Fazzolari detto Fazzo. E nasce una vera e propria norma del Fazzo. Sostanzialmente, nella notte della legge di bilancio, si costruisce un emendamento, riformulato diverse volte chissà perché, che dice che tutti quelli che fanno dei lavori all'estero ma non in alcuni Paesi come i Paesi europei e pure la Svizzera, se pagati per più di centomila euro devono devolvere l'intero emolumento allo Stato. Se sei eletto a Firenze non puoi, se sei eletto all'estero invece puoi fare quello che ti pare. Cioè anziché fissare un'incompatibilità, che sarebbe stata plasticamente incostituzionale, dicono che per alcuni lavori l'Italia introduce il principio dell'esproprio proletario. Della tassazione al 100%.

Finalmente una norma sovietica, per di più redatta da un governo di destra. Per i denari sotto i 100.000 euro, invece, il deputato o senatore può chiedere l'autorizzazione. Non si capisce a chi. Nel dubbio si scrive al presidente dell'Assemblea. Sintesi: se Renzi vuol fare una conferenza, prima di farla deve chiamare La Russa e farsi autorizzare.

Appena leggo il testo mi metto a ridere, quasi a sghignazzare. Cioè loro pensano che pur di continuare a fare le mie amate conferenze io accetti di baciare la pantofola di La Russa. Che dovrebbe dall'alto della sua saggezza «autorizzarmi» o no. Non si capisce peraltro sulla base di che. Se chiedo di andare a parlare di regole del burraco, busti del Duce, storia dell'Internazionale Football Club evidentemente sarò autorizzato. Se invece parlo di intelligenza artificiale e quantum computing, La Russa si riserva di mandarmi o no, ammesso che prima approfondisca per studiare bene di cosa stiamo parlando. L'idea che si vada alle conferenze con la giustificazione risponde all'idea che i parlamentari dell'opposizione debbano essere controllati dalla maggioranza ed è francamente immonda. Risolvo il problema annunciando ufficialmente che non intendo chiedere alcunché a La Russa e ufficializzo che più volentieri preferisco rinunciare al compenso. E per evitare che sussistano dubbi gli do del camerata in diretta televisiva, così che nessuno può pensare che uno come me si accucci a La Russa pur di fatturare di più. Se la libertà ha un prezzo, lo pago volentieri.

Ma il nodo fondamentale non è la mia dichiarazione dei redditi.

La cosa sconvolgente è che facciano una norma *ad hoc* contro un parlamentare dell'opposizione, la facciano senza seguire i dettami tradizionali del regolamento parlamentare e la inseriscano con un subemendamento notturno alla legge di bilancio, così che nessuno possa rifiutarsi di votarla.

Questo atteggiamento è tipico delle derive sudamericane, dove si fanno fuori gli avversari con provvedimenti *ad hoc*. Se passa il principio che quando un avversario disturba gli si fa una legge contro, siamo in terra inesplorata: non era mai accaduto. Dalla sera alla mattina, con un emendamento, il governo ti impedisce di fare un lavoro. Perché? Perché hai disturbato il manovratore.

Molti commentatori dicono: vabbè, però è giusto che chi sta in Parlamento si dedichi al Parlamento e non faccia altri lavori. Ok, ci sto. Ho presentato una proposta di legge che dice esattamente questo. Chi fa il parlamentare fa solo quello. Deve valere per tutti, non solo quelli nati a Firenze, nel 1975, laureati in giurisprudenza, con un passato scout. Per tutti. Anche per quelli di maggioranza, alcuni dei quali come noto guadagnano molto di più. E sono contento per loro, sia chiaro: io ammiro, non invidio.

Non solo, ho aggiunto un articolo. E ho detto che tutti i parlamentari sono obbligati a presentare le proprietà della propria famiglia e delle famiglie dei propri coniugi o compagni. Perché io francamente sono molto colpito dalla faccia di tolla di chi bofonchia parole sull'etica e non ci racconta – dico a caso, si capisce – se magari la famiglia della moglie possiede una banca all'estero. O se il suocero è implicato in affari con le amministrazioni comunali delle grandi città. O se… vado avanti? Meglio di no.

Io sulla trasparenza non faccio sconti a nessuno. Dicono i giornali che sono il più ricco del Parlamento. No. Sono solo quello che dichiara di più (che poi neanche è vero, altri fanno meglio, bravi!) perché non cerco scorciatoie. E anche da questo libro lancio il guanto di sfida. Chi si riempie la bocca parlando delle mie conferenze, forse invidioso perché nessuno pagherebbe mai per ascoltarlo, accetti di votare la legge sulle incompatibilità. Nessun secondo lavoro per nessuno. Massima trasparenza sulle famiglie. Ci state? Io l'ho firmata e presentata. Gli altri che fanno?

Ma se tutti sanno della legge *ad personam* e qualcuno ricorda del complotto di agosto, nessuno ad oggi sa che cosa accade nel mese di novembre.

L'utilizzo proprietario delle istituzioni che i camerati di Meloni mostrano in ogni gesto che fanno diventa abnorme nel momento in cui Palazzo Chigi prova a togliermi la scorta.

Premessa: la scorta non è un benefit. Si dà alle persone che lo Stato decide di proteggere se sussistono le ragioni della protezione. Punto.

Se lo Stato italiano ritiene che non ci siano più le preoccupazioni che hanno portato ad assegnarmi la tutela dei bravissimi agenti Aisi che sono con me ormai dal febbraio 2014, bene così. Ringrazio. Offro una cena a chi è stato con me per tutto questo tempo. E volentieri accolgo questa disposizione.

Avere la scorta non è un privilegio. Ma un dovere. Specie per chi ha svolto l'incarico di primo ministro. Ho ancora negli occhi le immagini del mio amico e collega Abe Shinzo ucciso durante un comizio dopo aver lasciato l'incarico. Qualche pazzo c'è sempre.

Ma quello che cerca di fare la maggioranza tra un emendamento notturno sulle conferenze e un battibecco durante una discussione in Senato è clamoroso in ordine alla totale ignoranza di ogni galateo istituzionale.

9 novembre 2024, sono a Londra con tutta la famiglia per festeggiare l'imminente compleanno di Agnese. Emanuele è là per un exchange, una sorta di Erasmus; Francesco ed Ester saltano i propri impegni e approfittando del giorno libero a scuola siamo tutti a festeggiare il compleanno della mamma.

Ricevo una telefonata da Alfredo Mantovano, al mattino presto. Non voglio svegliare gli altri. Gli scrivo: dammi dieci minuti e ti chiamo. Mi do una sciacquata, mi butto addosso un giaccone ed esco dalla camera e dall'albergo. Sono vicino a Hyde Park e camminare la mattina a Londra è sempre un'esperienza bellissima, anche quando è freddo. Basta che non piova.

Telefono al braccio destro di Giorgia. Convenevoli di rito, ma lo sento imbarazzato. Alla fine va al dunque: «Abbiamo deciso di toglierti gli agenti Aisi che lavorano con te. Torneranno in agenzia».

«Bene» rispondo. «Trattateli bene perché se lo meritano» aggiungo «sono molto bravi. Immagino che siano venute meno le ragioni di sicurezza perché io abbia la tutela. È una buona notizia!»

«No, non è propriamente così. Hai ancora bisogno di una tutela per noi.»

«Ah peccato. Ma scusa, allora perché mi togliete le persone con cui lavoro da undici anni?»

«Perché c'è un vecchio Dpcm (Decreto del presidente del Consiglio dei ministri) che dice che Aisi, cioè i servizi segreti, non deve più occuparsi di scorta ai politici.» Conosco quel decreto. Era frutto della visione dell'ex capo della polizia Gabrielli che voleva togliere l'Aisi da tutte le scorte.

«Ok, Alfredo. Va bene. Ma avete riflettuto sul fatto che anche la premier ha gli uomini Aisi a sua tutela? Se vuoi attivare quel decreto, firmato ma poi subito sospeso, devi mandare via i miei dalla mia scorta ma anche quelli della Meloni.»

Silenzio dall'altra parte del filo.

Ho già fatto più di un chilometro e i colori di Londra d'autunno allargano il cuore.

Ancora silenzio.

Cammino a passo svelto, devo arrivare ai miei diecimila passi giornalieri.

Poi la frase: «Ma sei sicuro? Secondo me non è così».

Gli rispondo: «Be', allora non hai letto il decreto. Leggilo e risentiamoci se vuoi».

Parte una carambola di messaggi con vari dirigenti dello Stato e con l'unica vera Autorità Delegata rimasta in questo Paese, Gianni Letta.

Alla fine il governo cambia versione. «Guarda non applichiamo il decreto. Ti togliamo i tuoi uomini perché ci servono all'Aisi. Abbiamo ristrettezze di personale.»

Sono già rientrato in albergo, ho già fatto la doccia, fatto colazione e sono arrivato a Piccadilly Circus. Quando mi dicono che l'Aisi ha ristrettezze di personale, scoppio a ridere.

Nessuno che non sia nel Copasir sa quanto personale abbiano le varie agenzie. I documenti interni sono riservati e giustamente secretati. Ogni parlamentare però può vedere la cifra che il Bilancio dello Stato dedica al comparto.

Dai tempi di Berlusconi e miei a oggi il budget che lo Stato assegna al comparto dell'intelligence è praticamente raddoppiato. In dieci anni è raddoppiato, pazzesco. Il vostro stipendio non è raddoppiato, la vostra pensione non è raddoppiata, il valore della vostra casa non è raddoppiato. Invece i soldi che mettiamo per i servizi segreti sì.

È tecnicamente impossibile che loro abbiano ristrettezze di personale. Basta vedere la parte pubblica del bilancio per capire che soldi per i servizi ce ne sono anche troppi. Magari, verrebbe da dire, spendeteli bene. E non spiamo le persone sbagliate con il trojan sbagliato, ecco. Ma questa è un'altra storia.

Finalmente viene fuori la vera proposta. Mi chiedono di rinunciare ai miei uomini e in cambio mi daranno una tutela della polizia, scelta da loro. Chissà perché. Avevano utilizzato la scusa del vecchio Dpcm al solo scopo di cambiare la mia scorta. Quando si sono accorti che se lo fanno devono togliere anche i fidatissimi uomini a disposizione della premier cambiano linea. Ma, nel dubbio, metto per iscritto.

Ma nel dubbio metto per iscritto a Mantovano, e alla Meloni, che se loro decidono – del tutto legittimamente – di togliermi la scorta Aisi perché serve loro personale, allora a maggior ragione i poliziotti o i carabinieri non possono stare a fare la scorta a Renzi ma devono andare alla stazione di Milano o nelle periferie di Roma o nei sobborghi di Palermo.

Se l'Aisi non deve più seguirmi io non faccio polemica. Anzi. Ringrazio.

Ma rinuncio a essere seguito da altri: non toglierò mai un solo agente di polizia dai controlli che questo tempo di crescente insicurezza pone alla vita quotidiana.

Scrivo e firmo il messaggio, poi ritorno con la famiglia a camminare. Il quartiere di Chelsea è bellissimo. E chiacchierare del più e del meno con i figli aiuta a capire che anche la vita è più grande delle piccole furbate di quelli come Mantovano.

Una delle pochissime riserve della Repubblica che era a conoscenza di questa storia mi dirà qualche settimana più tardi, dopo che il Parlamento ha approvato la legge *ad personam*: «Pensano che le istituzioni siano loro. Si faranno male, prima del previsto»

Un po' mi dispiace che Giorgia Meloni veda i fantasmi negli altri. E consideri gli avversari dei nemici da aggredire anziché dei concittadini da ascoltare. Ma è lei la premier e io rispetto il suo modo di concepire la battaglia.

Quando noi eravamo al 40% e lei al 3% ci siamo comportati in modo diverso. Io ho sempre rispettato Giorgia Meloni, anche quando era minoranza. Non per bontà o fatto personale ma perché penso che se sei maggioranza, e ancora di più se sei il capo del governo, devi rispettare tutti, soprattutto le opposizioni.

Lo abbiamo fatto sotto il profilo personale. Il governo di allora reagì immediatamente alle volgari polemiche contro l'allora aspirante sindaca di Roma che qualche scienziato del suo schieramento non voleva più candidare perché incinta. Fummo immediatamente affettuosi e solidali, mandando alla futura mamma messaggi, fiori, scarpine da bebè.

L'umanità viene prima di tutto, per noi.

Ma abbiamo sempre mantenuto soprattutto il rispetto istituzionale. Durante la legislatura nella quale siamo stati al governo, Fratelli d'Italia non ha raggiunto il quorum e dunque è in Parlamento solo alla Camera, senza i numeri regolamentari per fare il gruppo. Eppure grazie al Pd ottiene il via libera alla deroga sul gruppo e soprattutto ottiene una presidenza di commissione, segnatamente la Giunta per il Regolamento, che va a presiedere l'allora deputato Ignazio La Russa.

Non sono uno che si preoccupa per certe cose. O che ha bisogno di una presidenza di commissione per accontentare qualche parlamentare per vanità personale o qualche collaboratore con gli stipendi che la Camera garantisce. Sono solo colpito dalla mancanza di educazione istituzionale. Dal mancato rispetto delle regole del gioco.

Non è un caso che quando io ero premier e avevo il 41% abbia accettato di confrontarmi a *Porta a Porta* con Giorgia Meloni che aveva il 3%. Oggi la premier non accetta di confrontarsi con me e naturalmente Bruno Vespa le dà ragione, sostenendola da portavoce di fatto quale ormai si dimostra. Ci provo anche dalle colonne di questo libro: cara Giorgia, se hai un minimo di dignità, non ti chiedo una commissione parlamentare come quella che il Pd ti ha assicurato togliendola alle altre opposizioni che non volevano riconoscerla. Non ti chiedo posti nei consigli di amministrazione o nel collegio dei revisori dei conti come da sempre tutte le opposizioni fanno. Tieniti le tue poltrone e accontenta i tanti cultori dell'amichettismo che ti stanno intorno. Ma se hai un minimo di dignità e di coraggio accetta il confronto politico davanti alle telecamere di Bruno Vespa come ho fatto io. Se glielo dici tu, stai tranquilla che Vespa accetta. Scommetto però che lei non troverà il coraggio. Perché anche se lei ha il 30% e io il 3%, in un dibattito televisivo alla pari verrebbero fuori i fatti, i problemi, le bugie. E, come spesso accade, Giorgia sceglie la strada della fuga.

La verità è che Meloni ci ha sempre attaccato sotto il profilo personale. Per esempio l'espressione che più ricorre nei suoi social – a me rivolta – è «burattino». Eppure i miei spazi me li sono conquistati, pancia a terra, centimetro dopo centimetro, lottando contro la vecchia guardia del mio partito che mi ha sempre considerato un usurpatore. Non ho fatto la rottamazione facendomi fare i bonifici dal Nazareno mentre come ribadito Fratelli d'Italia è nata con i bonifici di Berlusconi.

Ho idee diverse da quelle di Meloni, nel merito. E nel prossimo capitolo ne parleremo. Le rivendico. Ma quando Giorgia Meloni mi dà del burattino non riesco a offendermi.

Vengo dalla città in cui è nato il burattino più famoso del mondo. E da buon fiorentino, che spesso ha camminato per quella via Ginori dove Carlo Lorenzini, detto Collodi, era nato, ho sempre pensato che Pinocchio alla fine sia una storia positiva. Di riscatto. Quel burattino è una figura bella. Sbaglia certo, sbaglia spesso, ma porta a casa la pelle trasformandosi.

In quella favola il cattivo non è il burattino. Sono altre le figure negative. L'ennesima volta in cui Meloni scappa – sulla vicenda del criminale libico Al-Masri – mi lancio in aula in una divertita correlazione tra il governo e il libro del Collodi. Nordio e Piantedosi diventano il Gatto e la Volpe. La Russa è Mangiafoco, è perfetto anche esteticamente. A noi tocca la parte del Grillo Parlante. E Giorgia? Giorgia vorrebbe essere la fatina ma purtroppo non è il suo ruolo. Lei è l'Omino di Burro, vale a dire il conducente del carro che porta i bambini nel Paese dei Balocchi. Dove si rovinano insomma. Perché l'Omino di Burro racconta una storia – una narrazione – che funziona. Riesce a persuadere tutti che la direzione sia quella giusta. Rassicura con le sue parole, anche se sono false. Ma quando i passeggeri del viaggio lo capiranno sarà troppo tardi.

Ecco: la consumata attrice Giorgia Meloni, la brava storyteller Giorgia Meloni, l'ottima influencer Giorgia Meloni è come l'Omino di Burro. Altro che lady di ferro di thatcheriana memoria.

Ma anche per questo non intendo assecondare il tentativo della premier di trasformare la politica italiana in uno scontro di narrazioni personali. Con tutto quello che lei e i suoi hanno fatto dopo averci accusato ingiustamente potremmo anche trarre vantaggio dallo spostamento del campo in una sfida personale. Ma noi non siamo così. Io non sono così.

Io non voglio condurre una battaglia sui temi personali.

Mi piacerebbe chiudere il passato, questo sì, con le scuse di Fratelli d'Italia e della Lega.

Ma non a me. A mia moglie. Negli anni del governo Agnese è diventata, come tanti altri, professoressa di ruolo, dopo una gavetta di oltre dieci anni di precariato. I messaggi che lei ha ricevuto sui social dalle macchine del fango dei partiti della destra, che adesso parlano di privacy e di tutela della famiglia, hanno superato il livello dell'infamia.

Passi attaccare me, ma non è giusto che abbiano attaccato persino lei. Perché Agnese, 60/60 alla maturità, 110 e lode all'università, tre figli cresciuti tra una supplenza e l'altra con un marito non presentissimo, diciamo così, ha dovuto sopportare la gogna dell'aggressione di Fratelli d'Italia. Gli attacchi personali. I consiglieri regionali di Fratelli d'Italia appostati per vedere se passava dalla porta telematica della Ztl ignorando che avevamo il permesso di farlo perché residenti. Il fango che hanno gettato addosso a me lo posso sopportare. Quello gettato addosso ad Agnese come raccomandata è inaccettabile. Lei che si è laureata, a differenza di Meloni e Salvini, lei che ha fatto la gavetta senza pretendere incarichi in Rai o Mediaset a differenza dei congiunti di altri, lei che ha visto i figli massacrati per essere saliti sullo stesso aereo di Stato su cui sale costantemente con tanto di foto ufficiali Ginevra Giambruno Meloni, lei oggi meriterebbe da parte di Fratelli d'Italia una lettera di scuse. E da parte della Meloni – che ha la stessa età di Agnese – una telefonata.

Non la farà. E allora tanto vale riprendere il filo del ragionamento sulla politica.

Giorgia Meloni è talmente incapace di governare tanto la politica estera quanto le vicende economiche che non c'è bisogno di scendere sul campo personale. È stata lei a massacrare la mia famiglia e le famiglie dei miei amici e collaboratori. Io posso solo proporle un patto, seguendo un vecchio adagio della politica americana: cara Giorgia, smetti di dire bugie su di noi. E noi in cambio smetteremo di dire la verità su di te. Torniamo alla politica. E parliamo di cosa servirebbe al nostro Paese per rimettersi in marcia. Altro che influencer.

4
Populismo, non politica. L'influencer e ciò che serve all'Italia

> «I Magi non si misero in cammino perché videro la stella, ma videro la stella perché si erano messi in cammino.»
>
> San Giovanni Crisostomo

La differenza tra il dire e il fare è plasticamente rappresentata dalla distanza tra la motosega «tagliasprechi» di Milei e Musk e le indennità del Cnel reintrodotte da Meloni e Brunetta.

La motosega, grazie al presidente argentino, è diventata simbolo della lotta contro l'eccesso di sprechi del suo Paese. E quando Elon Musk riceve dal neoeletto Donald J. Trump l'incarico di tagliare la spesa pubblica, i giornalisti di tutto il mondo immortalano la motosega che gli consegna Milei e che il proprietario di Tesla brandisce con veemenza a favore di telecamera.

Giorgia Meloni si professa fan di Musk e di Milei. A parole, nei convegni, quando le serve.

Se si tratta di tagliare gli sprechi, però, il modello della presidente del Consiglio dei ministri non è una motosega argentina, ma, più banalmente, il Renato Brunetta nostrano.

Avete letto bene. Quel Brunetta lì, proprio lui: il già ministro, già parlamentare, già mancato premio Nobel per l'Economia.

In rete, sui social, nelle chat impazziscono i meme, vale a dire delle immagini ironiche che parlano da sole. C'è un'infinità di prese in giro che mettono nello stesso meme due immagini diverse, con scritto a sinistra «come lo ordini su internet» e a destra «come ti arriva a casa». Ecco, il meme perfetto per il governo Meloni, abile a chiacchierare, incapace di governare, è questo: Musk è come lo ordini su internet, Brunetta è come ti arriva a casa.

Perché, se oltreoceano i governi provano a tagliare sulla spesa pubblica, con la Meloni accade il contrario. E la spesa pubblica cresce tra il personale della segreteria di Lollobrigida e l'aumento dei costi senza precedenti di Palazzo Chigi. Se poi fate l'elenco delle marchette, più che delle mancette, approvate nel Milleproroghe – provvedimento che il mio governo aveva volutamente cancellato – vi rendete conto che i signori della Prima Repubblica, rispetto ai Fratelli d'Italia, erano degli austeri risparmiatori. E per di più loro facevano politica, altro che influencer.

Renato Brunetta – già interprete della lotta contro i fannulloni della pubblica amministrazione – si fa nominare alla guida del Cnel, l'organizzazione più inutile prevista dalla Costituzione. Un ente, il Cnel, cui prima avevamo tolto le indennità economiche e che poi avevamo provato a cancellare definitivamente con la riforma costituzionale, ahimè fallita, nel 2016.

Quando la Meloni arriva a Palazzo Chigi non solo decide di non abolire il Cnel, ma addirittura lo rilancia e lo valorizza. Non so se la premier creda davvero nel valore culturale di questa istituzione. Tendo a escluderlo. Magari, più semplicemente, Giorgia vuole evitare che il neopresidente del Cnel la tampini come solo lui sa fare. Perché quando Brunetta decide di insistere sa essere molto persuasivo. E comunque – dice l'influencer – perché fare una riforma che costa fatica e crea scontenti. Diamo loro qualche briciola del bilancio dello Stato, tanto nessuno se ne accorgerà. E se qualcuno farà polemica, anziché parlare del Cnel la butteremo contro Renzi e il suo referendum.

Fatto sta che nel giro di qualche mese il governo libera risorse per restituire un megastipendio al presidente del Cnel, cioè al succitato Renato da Venezia. Che non si può accontentare della pensione, sia chiaro. Lui deve essere pure retribuito. Peraltro per le leggi del nostro governo un pensionato non può ricevere compensi in casi del genere. Ma nulla ferma la strana coppia Giorgia & Renato: non solo introducono l'indennità per il presidente, ma anche abrogano la disposizione della riforma Madia per cui un pensionato, nella pubblica amministrazione, non può ricevere un ulteriore stipendio oltre alla pensione.

Poi il Cnel aumenta il numero del personale che compone lo staff di Brunetta. E aumenta gli stipendi dello staff. Quindi compra di tutto: medaglie, francobolli, «kit autista» (*sic!*), cravatte, foulard, investimenti in immagine (ad esempio *Il Sole 24 Ore*, testata di Confindustria, riceve più di centomila euro nel 2025 per operazioni di comunicazione. Scommetto che nessun imprenditore criticherà poi il Cnel – che delusione!), opere in prestito dagli Uffizi, salottino privato per il presidente, esperti di intelligenza artificiale che evidentemente vengono giudicati insostituibili al Cnel. Lasciate stare i foulard e le cravatte. E stendiamo un velo sulle opere in prestito dagli Uffizi: penso alla grande eredità di Anna Maria Luisa de' Medici, l'Elettrice Palatina, che ha lasciato in dono tutta la ricchezza artistica della sua famiglia alla città di Firenze, e non oso immaginare che cosa avrebbe pensato lei se le avessero spiegato di quelle opere da spedire a Roma per il Cnel.

Passiamo oltre. Veniamo al sodo. Vi siete mai domandati

come potremmo fare senza gli esperti di intelligenza artificiale del Cnel? Sono certo che quando Sam Altman di OpenAI e Satya Nadella di Microsoft hanno saputo che al Cnel avevano firmato delle consulenze sull'intelligenza artificiale avranno tremato di paura per l'arrivo della concorrenza. Wall Street sicuramente avrà tremato. Adesso sì che l'Europa si sveglia: arrivano Brunetta e quelli del Cnel.

Pensandoci bene, però, c'è ben poco da ridere.

Questa vicenda è il simbolo di come Giorgia Meloni parli di semplificazione e taglio degli sprechi, ma poi agisca nella direzione contraria. E a chi mi dice che tutti sono uguali ricordo – inalberandomi leggermente – che il mio governo ha fatto 30 miliardi di tagli alla spesa grazie al commissario Yoram Gutgeld e al suo team. Trenta miliardi. Altro che Cnel e dintorni.

Quando si tratta di fare i discorsi Meloni imbraccia la motosega. Quando si tratta di governare, lascia la moto.

E attenzione: questo non significa credere che il modello alla Musk funzioni. Io sono abbastanza convinto che nei prossimi mesi il Doge, questo dipartimento voluto da Trump e diretto dall'inventore di Starlink, troverà resistenze decisamente superiori alle aspettative. Già nei primi giorni si sono visti degli errori. Surreale la scena in cui Musk irrompe nella prima riunione del Consiglio dei ministri e spiega che, sì, ci saranno dei problemi. Ad esempio, con la scusa di tagliare le risorse non si sono accorti di aver cancellato i fondi per evitare la diffusione del virus Ebola. Ma, assicura Musk, abbiamo rimediato quando ce ne siamo accorti. E se persino Trump a un certo punto si spazientisce – «Elon, puoi lasciare che il gabinetto dei ministri parli almeno per qualche minuto?» – immaginate che cosa accadrà non alla Casa Bianca, ma nei vari Stati, quando davvero i tagli saranno fatti. In Ohio o in Iowa o in Texas, se verranno meno i fondi federali su determinati progetti, ci saranno licenziamenti. E saranno licenziamenti di massa. E scommetto che i membri del Congresso e del Partito repubblicano non saranno insensibili alle proteste. Una cosa è tagliare e limare sugli sprechi, altra è distruggere all'improvviso un intero sistema di finanziamenti in un Paese in cui i parlamentari hanno ancora un rapporto con il territorio. Gli elettori li andranno a cercare a casa, vedrete.

Scommetto su uno scontro tutt'altro che finto tra Trump e Musk, nei prossimi mesi. Perché la pubblica amministrazione, anche negli Stati Uniti, non si rivolta come un calzino dalla sera alla mattina. Vedremo.

Quello che invece abbiamo già visto, purtroppo, è il calcio di rigore che il governo Meloni ha avuto la possibilità di mandare in rete negli ultimi dodici mesi, ma che non è stato realizzato. Purtroppo, dico. Perché da italiano, se la Meloni avesse fatto bene, io sarei stato contento.

Nell'ultimo anno il governo aveva il vento in poppa. Tutti gli altri Paesi sembravano, e forse erano davvero, in crisi. Nei fatti, l'Italia è considerata sui mercati finanziari una delle piazze più stabili d'Europa. Larga parte del merito deriva però dal confronto con i concorrenti, purtroppo.

Gli inglesi sono messi male: dopo la Brexit l'età dell'oro promessa da Boris Johnson e Nigel Farage non arriva. Anzi. Londra rimane pur sempre Londra, ma il resto del Regno Unito se la passa peggio che nel 2016.

La Germania va a elezioni anticipate, che per i tedeschi è un evento più unico che raro. La Francia conosce le inquietudini di un'Assemblea nazionale in cui il governo non ha una maggioranza e l'esecutivo di Bayrou è designato da Macron per provare a salvare il salvabile. La Spagna si regge su una maggioranza risicata e istituzionalmente è sotto scacco degli indipendentisti. Il Consiglio Europeo è divenuto un grande ospedale da campo.

Chi, come l'Italia, ha una maggioranza stabile sembra l'unico Paese in buona salute. E attenzione: chi vuole bene al Belpaese deve essere contento di questo. Anche chi non ama Meloni deve apprezzare questa congiuntura istituzionale. Avessimo avuto la stessa situazione politica dieci anni fa o quando c'era Draghi, i nostri esecutivi avrebbero fatto dei numeri pazzeschi, avrebbero fatto la differenza anche a livello continentale: le poche conquiste che abbiamo ottenuto, a cominciare dalla flessibilità nel 2015, sono nate in situazioni in cui l'Italia era molto meno forte, quantomeno della Germania e della Francia. Eravamo in crisi, al livello della Grecia di allora, eppure abbiamo ottenuto la flessibilità.

C'è un preciso termine tecnico che i napoletani usano per definire un certo approccio alle sfide. Forse non è molto istituzionale, ma rende l'idea. È il termine «cazzimma». Avessimo utilizzato oggi la «cazzimma» di dieci anni fa, avremmo fatto la rivoluzione in Europa. Avremmo ottenuto per l'Italia ciò che decenni di algida burocrazia e di miope tecnocrazia le hanno negato, facendo male al Paese e al sogno europeo.

Perché in questi mesi avevamo, e forse ancora abbiamo, le migliori condizioni mai verificatesi negli ultimi trent'anni. Oggi che i più forti siamo noi, potremmo dettare la linea, fare l'agenda, indicare le priorità. Ma Giorgia Meloni è troppo impegnata a fare la sovranista per imporre un'agenda economica ai colleghi. È troppo impegnata a vivacchiare per pensare di governare. È troppo impegnata a fare l'influencer per fare la differenza.

Duecento miliardi di Pnrr, una stabilità politica mai vista, il G7 organizzato in Italia, l'Europa pronta a cambiare, i grandi blocchi contrapposti immobilizzati dallo scontro e dai conflitti: davvero per l'Italia tutto era perfetto. Con qualunque altro premier sarebbe stato un anno boom. E la Meloni ne è consapevole, se è vero che a inizio 2024 annuncia tutta soddisfatta che l'economia italiana crescerà più di tutti in Europa. E invece, solo per dare un piccolo risultato a consuntivo: l'Italia è cresciuta dello 0,7%, la Spagna del 3%. Avete letto bene: è come se la partita Spagna-Italia ai Mondiali finisse 4-1 per loro. Altro che «vinciamo noi». E il deficit spagnolo non supera il 3%, a differenza del nostro. Il debito è più basso di trenta punti. E lo spread è la metà. Io dico: ma con che faccia puoi dire che sei la locomotiva d'Europa se gli spagnoli, pure in crisi istituzionale e politicamente sempre sul crinale di una maggioranza risicata, ti surclassano così?

E la cosa che più fa male è che il calcio di rigore di cui parlavo non è che lo sbagliamo, lo tiriamo fuori o viene parato dal portiere. No. Non lo tiriamo proprio. L'Italia neanche si presenta sul dischetto. Perché? Perché abbiamo un governo che non agisce, non decide, non prende posizione.

Fate un esperimento. Chiedete a un sostenitore del governo quali siano le tre cose realizzate in questo anno (o anche prima) dall'esecutivo Meloni. Nulla. Al massimo hanno costruito un centro migranti in Albania e spiato qualche giornalista in Italia. Sul resto, poca ciccia.

Facciamoci aiutare dai numeri che sono, come sempre, argomenti testardi. E l'Istat non può essere accusata di essere la quinta colonna dell'opposizione. Nel 2024 la pressione fiscale in Italia è aumentata di un punto percentuale, passando al 42,6%, mentre prima era il 41,6%. Il rapporto tra debito pubblico e Pil è aumentato passando dal 134,6% al 135,3%. La produzione industriale ha segnato una striscia negativa di ventitré mesi.

I numeri dell'occupazione sono invece molto buoni: sia benedetto il Jobs Act, con buona pace di chi lo denigra e soprattutto di chi ha votato contro, centrodestra incluso. Ma gli stipendi sono purtroppo il tallone d'Achille del Paese. Con le bollette alle stelle, le accise che non calano, l'aumento del costo della vita, ci stiamo perdendo il ceto medio. I ricchi diventano sempre più ricchi, i poveri sempre più poveri e la forbice si allarga mettendo in crisi le famiglie.

Mi colpisce un dato Caritas. I poveri oggi in Italia sono 5,7 milioni. Dopo tre anni di governo Meloni sono aumentati e hanno raggiunto quota 9,7% della popolazione. Dopo tre anni di governo Renzi non arrivavano al 7%, e comunque decidemmo di stanziare quasi tre miliardi per la prima misura organica contro la povertà, il Rei. Avevamo lanciato un fondo contro la povertà educativa per un valore di venti milioni di euro. Il governo Meloni lo ha cassato in legge di bilancio, salvo poi recuperare tre milioni di euro nel Milleproroghe. Al terzo settore e all'economia sociale sono destinati spiccioli e soprattutto disattenzione. Persino il 5x1000 oggi non è più il 5x1000, perché è stato messo un tetto alle richieste dei cittadini, per cui se in tanti destinano il 5x1000 non ci sono risorse per tutti. L'idea di un Paese che non mette al centro il terzo settore, il ceto medio, le famiglie, l'economia sociale. In questo quadro complicato il governo Meloni non ha una strategia purtroppo.

E non è che le imprese tradizionali siano messe meglio: emblematico il sostanziale blocco burocratico dei fondi destinati alle imprese, il cosiddetto Transizione 5.0. Forse è utile notare come dieci anni fa il nostro esecutivo abbia realizzato il fondamentale piano Industria 4.0 con un grande lavoro di Andrea Guerra, Tommaso Nannicini e dei ministri Federica Guidi prima e Carlo Calenda poi. Annunciammo il piano nel 2015, ascoltammo il Parlamento, che sotto la regia del compianto Guglielmo Epifani fece partire un'indagine conoscitiva, e parlammo con tutte le categorie. E alla fine liberammo molte risorse ottenute dalla contrattazione europea e dalla *spending review*. Fu un grande lavoro di squadra che ha permesso alle tante piccole e medie aziende – soprattutto del Nord-Est, ma non solo – di affrontare i costi dell'innovazione e ha consentito a tanti di salvarsi dalla crisi pandemica prima, e bellica poi.

Oggi l'esecutivo Meloni ha molte risorse e spazi di bilancio ben più alti di quelli che avevamo noi, grazie al Pnrr e alla nuova stagione europea. Ma i miliardi di euro di Transizione 5.0 sono bloccati perché il ministro Urso e i suoi colleghi hanno studiato un meccanismo così complicato da risultare impossibile accedervi. Anziché erogare immediatamente a chi rispetta i requisiti, si è scelto di fare trionfare la burocrazia, quando proprio la semplicità era stata la chiave di volta del successo di Industria 4.0.

Più apprezzato di Urso è il ministro dell'Economia Giancarlo Giorgetti che, seppur espressione della Lega, ha trasformato il suo ministero nel baluardo del rigore finanziario e del rispetto delle norme europee. Emblematico è il caso della previdenza. Per anni la Lega, e il suo leader Salvini, hanno attaccato ad alzo zero la riforma delle pensioni voluta dal governo di Mario Monti e dalla professoressa Elsa Fornero, allora ministra del Lavoro. La Fornero diventa il bersaglio di tutti gli attacchi leghisti, in tv o nei comizi.

Esattamente un mese prima delle vittoriose elezioni politiche del 2022, Matteo Salvini va in provincia di Salerno, a Capitello. I cori razzisti contro il Sud paiono dimenticati. Sul palco, accanto al futuro ministro delle Infrastrutture, compaiono persino fasce tricolori. E il segretario leghista è esplicito: «Azzerare la legge Fornero e avviare quota 41». Aggiunge: «Questo è l'impegno che mi prendo stasera a Capitello e poi ci rivediamo tra un anno. Se avremo vinto le elezioni e non avremo fatto quello che ho promesso stasera siete titolati a spernacchiarmi».

La legge Fornero non viene azzerata, tutt'altro. Secondo l'opinione più diffusa, le modifiche introdotte dal governo

Meloni confermano *in toto* l'impianto dell'esecutivo Monti, con minime modifiche più di immagine che di sostanza.

Intendiamoci: sono d'accordo con il rigore sulla previdenza. Viviamo più a lungo, abbiamo meno figli. Se andiamo in pensione troppo presto rischiamo di far saltare l'intero sistema. Dunque nessun dubbio da parte mia sul posizionamento politico.

Ma come fanno i leghisti a non ridere quando si guardano allo specchio? O, se preferite, a non piangere quando vedono il proprio leader Salvini? Se vale il principio dello «spernacchiamento di Capitello», se dovessimo tenere fede al suo invito, non basterebbe un esercito di lama per dare a Salvini quello che lui stesso aveva suggerito.

Giorgetti invece su questo è bravissimo, l'opposto di Salvini. Lui sembra sempre un passante, uno capitato lì per caso. Sulle pensioni mostra tutta la sua nonchalance smentendo il suo partito come se niente fosse. I mercati finanziari lo amano anche perché riesce con indubbia abilità a rovesciare la frittata, sempre. Si lamenta dei costi del reddito di cittadinanza, ma dimentica che lui era il sottosegretario alla presidenza del primo governo Conte. Soffre per l'esplosione dei costi del superbonus, ma dimentica di essere stato il ministro dello Sviluppo economico, con Draghi, e di non aver bloccato questa assurda misura.

Giorgetti riesce meglio di Zelig. Usa il *golden power* in modo quantomeno originale, più per bloccare operazioni sgradite che per difendere l'interesse nazionale. E comunque non smentisce solo il povero Salvini spernacchiato sul mare di Capitello, smentisce anche la Meloni che voleva la nazionalizzazione delle reti e delle infrastrutture strategiche. Non solo non nazionalizzano un bel niente – e io aggiungo: meno male – ma il governo dei sovranisti è quello che asseconda i grandi gruppi internazionali nel fare investimenti in Italia.

Quando lo facevano con i nostri governi, i sovranisti parlavano di «shopping degli stranieri» e di «svendita della nazione». Quando lo fanno con Meloni e Giorgetti lo shopping straniero diventa «investimento strategico», la svendita diventa «partnership». La faccia invece cosa diventa?

I grandi fondi guardano all'Italia e questo è indice di vitalità della nostra economia. Ma la cosa incredibile è che proprio i sovranisti aprono le porte delle reti di comunicazione dopo aver raccontato per anni che bisognava nazionalizzarle. Il 5 settembre 2018 Giorgia Meloni interviene davanti all'allora ministro Toninelli, e già detta così sembra una barzelletta, e dà lezioni di sovranismo, dicendo che lei è sovranista, ma i grillini no. E che i sovranisti nazionalizzano le reti, rendendole pubbliche. E in mano agli italiani.

«Noi chiediamo la proprietà pubblica e nazionale di tutte le reti e infrastrutture strategiche, per esempio la rete di comunicazioni. Noi siamo l'unica nazione al mondo che ha la rete di comunicazione in mano a un'azienda straniera. Noi siamo una nazione che non controlla la sua rete di comunicazione. E non si può fare. La proprietà delle reti e delle infrastrutture strategiche deve essere in mano italiana e in mano pubblica.»

E infatti, il 1° luglio 2024, la rete Telecom passa di mano. Ah, direte voi, finalmente una promessa mantenuta: lo Stato italiano si riprende il controllo delle reti come da solenne discorso parlamentare di Giorgia Meloni. La nazione torna in possesso delle infrastrutture di comunicazione. Ma figuriamoci, neanche per scherzo.

Il 1° luglio del 2024 viene ufficializzato il *closing* e il fondo americano Kkr, una delle realtà più grandi al mondo, entra in possesso della rete italiana. Delle due l'una: o la Meloni confonde la nazione con Kkr, e allora ci siamo giocati anche la premier, oppure, come sulla Fornero e su tutto il resto, il duplex Meloni-Giorgetti governa in modo antitetico alle promesse della campagna elettorale. Il che non è necessariamente un male.

Un errore molto grave è invece quello che l'esecutivo compie sulla vicenda ex Alitalia, Ita Airways. Fin dai tempi del governo Draghi si presentano due offerte. La prima, quella di Lufthansa. La seconda, quella di un gruppo privato riconducibile alla famiglia Aponte, colosso globale dello *shipping* e proprietario, tra l'altro, di Msc Crociere.

La Meloni preferisce i tedeschi. Alla faccia del sovranismo e della nazionalità. Non entro nel merito della scelta. Mi limito a sottolineare che dire di no a una proposta privata italiana di un gruppo che oggi è molto più solido di Lufthansa e che ha già dimostrato di avere una straordinaria visione strategica sui trasporti e le infrastrutture è un errore politico ed economico. Un errore che inizia con il governo Draghi, è vero, ma che diventa un clamoroso autogol con il governo Meloni. I sovranisti potevano portare un grande investimento italiano e ripartire da un'azienda, per di più italiana, tra le più forti al mondo. Non lo fanno e preferiscono affidarsi ai tedeschi di Lufthansa anziché al genio del comandante Gianluigi Aponte, un uomo che, partendo da zero a Sorrento, precisamente Sant'Agnello, ha costruito un impero.

Non li capisco.

O meglio, li capisco quando vedo le nomine.

Perché, se Ita Airways fosse andata in mano a un gruppo privato italiano come quello di Aponte, le nomine sarebbero state fatte sulla base del merito. E invece il governo dell'amichettismo ha bisogno di una poltrona. Ancora una.

Alla presidenza della nuova società viene infatti nominato Sandro Pappalardo, nel cui Cv spicca l'esperienza come pilota di elicotteri e istruttore di volo. Poi in corsa alle Politiche del 2013, in quota Fratelli d'Italia: chi l'avrebbe mai detto, eh? Corsa finita male, sia chiaro. Pappalardo viene bocciato dagli elettori, ma si ricicla come assessore regionale in Sicilia per due anni. Un'esperienza al governo della regione Sicilia con Musumeci presidente è sicuramente il viatico migliore per diventare presidente della compagnia di bandiera, no? Ma non basta. A impreziosirne il curriculum c'è la nomina con il ministro Santanchè nel CdA di Enit, l'ente per il turismo. Che notoriamente, da quando c'è la Santanchè, adesso sì che funziona. Anche grazie al decisivo contributo del semisconosciuto Pappalardo, che il governo issa alla guida di Ita Airways, ora in partnership con i tedeschi. Anziché lasciare tutto ad Aponte e ai suoi manager, che di trasporti e infrastrutture capiscono come pochi al mondo, andiamo a prenderci i tedeschi, che ovviamente non considereranno Roma come *hub* europeo fondamentale, avendo già Monaco di Baviera e soprattutto Francoforte. Ma in ogni caso, anche se non è l'operazione migliore dal punto di vista dell'interesse dell'Italia, sicuramente è l'operazione migliore dal punto di vista dell'interesse dei Fratelli d'Italia, perché possono mettere un mancato senatore, assessore di Musumeci, consigliere di Enit con Santanchè, alla guida di un'azienda così prestigiosa. Del resto chi non vorrebbe un presidente con un curriculum così elevato: trombato in Senato, assessore in Sicilia, consigliere all'Enit?

Ah, naturalmente ci facciamo riconoscere subito. Lo stipendio previsto per il presidente è di quasi mezzo milione di euro all'anno. Ma, essendo Pappalardo un pensionato, c'è la sacrosanta legge Madia che gli impedisce di prendere l'emolumento. Mentre andiamo in stampa i giornali riportano di un interessamento del Mef per fare una norma *ad hoc* così da consentire anche a Pappalardo di beneficiare della stessa operazione già realizzata per dare uno stipendio al Cnel. Pappalardo come Brunetta, insomma: distruggere la legge Madia a colpi di eccezione. Questa è la motosega della Meloni. Dire no agli italiani bravi a fare impresa come Aponte e nominare, con superstipendi, i trombati del partito nelle aziende.

E dire che oggi servirebbero politiche industriali e una visione del Paese per affrontare le turbolenze del tempo che stiamo vivendo. Servirebbe un progetto Italia per capire cosa vogliamo fare e come. Una bussola in realtà c'è. E ce la offre proprio la Meloni.

Se vogliamo capire cosa possiamo fare per affrontare questi tempi di crisi basta prendere i dieci punti strategici del racconto di questi anni di Giorgia Meloni. E poi fare esattamente il contrario. Non ci credete? Leggere per credere.

Punto primo. Il sovranismo. Per un Paese che è il quinto al mondo per export, o addirittura il quarto secondo nuove misurazioni, il sovranismo, i dazi, le tariffe, i muri, i blocchi doganali sono una sciagura. Un grande Paese esportatore deve per forza credere nella globalizzazione e non nel sovranismo, nella libertà e non nei dazi.

Su questo punto si gioca una partita decisiva anche in vista delle prossime elezioni. Il blocco imprenditoriale, le categorie produttive, il sistema delle aziende private hanno contribuito in modo determinante a garantire consenso e forza all'influencer in capo. In questi anni Giorgia Meloni ha partecipato a diverse assemblee di varie categorie, passando di ovazione in ovazione. Oggi appare chiaro che la scelta di campo sovranista produce… dazi amari. Qui e ora si rompe il rapporto di fiducia tra chi fa impresa e chi governa. Ma per questo è fondamentale che ci sia, anche nel centrosinistra, qualcuno credibile per offrire una sponda a quella parte di mondo produttivo che ideologicamente teme la sinistra, ma che sulla propria pelle sconta il prezzo degli errori della destra.

Secondo punto, collegato. Giorgia Meloni voleva uscire dall'euro e i video in cui lei rilancia questa folle proposta sono ancora in rete. Nonostante lei finga di non ricordarli, come mi dirà in un *question time* al Senato con un'ipocrisia degna di miglior causa, criticava la moneta unica e diceva «alla sorda Germania che l'Italia vuole uscire dall'euro». Oggi ovviamente ha cambiato idea, come su tutto il resto. Ma non basta. Occorre rilanciare la prospettiva di una maggiore integrazione europea. Perché se siamo divisi – Francia, Germania e Italia – non tocchiamo palla. Occorre una politica europea che punti al grande sogno unitario, ma che concretamente si affranchi dal tecnicismo burocratico delle varie Ursule. Meloni era contro l'euro dieci anni fa, è dalla parte di Ursula oggi: una spettacolare inversione a U che però contiene due errori. Perché l'Europa di domani non può essere quella guidata dalla Von der Leyen e dai suoi progetti teorici ma deve essere l'Europa della politica, non della tecnocrazia.

Mai come oggi è il tempo degli Stati Uniti d'Europa. Un progetto da sognare, certo difficilissimo da raggiungere, ma tale da cominciare a costruire, intanto.

E anche stavolta ho sbagliato i tempi. L'ho detto, al solito, troppo presto.

Aver impostato tutta la campagna elettorale del giugno 2024 sugli Stati Uniti d'Europa mi sembrava la cosa più intelligente da fare, in una cornice geopolitica così delicata. Rilanciare il sogno dell'integrazione togliendo la leadership europea agli algidi burocrati per restituirla ai politici visionari. L'unico problema è che i burocrati ci sono, i visionari scarseggiano. E ho parlato di Stati Uniti d'Europa in un momento in cui la gente voleva votare non per un'idea, ma per singole storie, per singole persone: comunque si chiamassero. Si spiega così il voto a Giorgia o dall'altra parte del campo a Ilaria, intesa come Salis, la cui detenzione in Ungheria aveva colpito molti e la cui candidatura ha portato un consenso straordinario alle liste della Sinistra radicale. Il generale Vannacci o i campioni di preferenze del Pd. Chi come noi insisteva con la dimensione del sogno politico ha ottenuto paradossalmente un grande consenso personale (il risultato in termini di preferenze nelle quattro circoscrizioni in cui ho messo la faccia anche personalmente è stato straordinario), ma la lista non ha raggiunto il quorum, complice anche la stupida divisione nell'area riformista voluta da chi vive di invidia e rancore personale, ma non comprende le regole della politica. L'ho detto presto, ok. Ma è un argomento più che attuale.

Elemento numero tre, l'energia. Abbiamo visto le famiglie italiane andare in crisi per l'aumento del costo delle bollette. La causa dell'esplosione dei prezzi non può essere addebitata all'esecutivo Meloni. Ma il fatto che negli ultimi dieci anni i Fratelli d'Italia siano stati contro di noi sulle trivelle, contro di noi sul Tap, contro di noi sui rigassificatori, contro di noi sul petrolio lucano, contro di noi sui termovalorizzatori, è un dato di fatto. Se dici di no a tutto, poi, alla fine, batti i denti. Batti i denti per il freddo, se non accendi il riscaldamento. Batti i denti per la paura, se non cambi direzione di marcia. La Meloni che va al governo cambia idea su tutto, dalle trivelle al nucleare. E questa è una soddisfazione per chi, come noi, è stato insultato in tutte le lingue del mondo solo per aver proposto di realizzare un piccolo tubicino che collega l'Azerbaijan a Melendugno, salvando il Paese dal disastro energetico: sì, senza il Tap voluto dalla tenacia del nostro governo contro gli insulti di tutta la destra, dei Cinque Stelle e della parte del Pd che faceva riferimento a Emiliano e D'Alema, oggi noi avremmo un Paese alla canna del gas, in tutti i sensi. Ma cambiare idea non basta. Perché poi servono gli atti: un decreto interministeriale firmato nel 2024 da Lollobrigida, Urso e Sangiuliano (consesso di menti illuminate, davvero) ha sostanzialmente messo un freno alla possibilità di lavorare sulle rinnovabili soprattutto nel settore del fotovoltaico. A parole predicano bene, nei fatti razzolano male.

Punto numero quattro. Meloni racconta da qualche lustro che il principale problema di questo Paese è l'immigrazione. Io ritengo che questa lettura sia populista, falsa, degna di un'influencer che preferisce alimentare le paure delle persone più deboli anziché offrire una speranza. I numeri dell'immigrazione sono relativamente sotto controllo. Nel 2023 abbiamo avuto poco più di 150.000 ingressi illegali, la stessa cifra del 2015, quando la Meloni diceva che io permettevo l'invasione. Quella che nel 2015 era l'invasione dovuta al lassismo del Partito democratico, nel 2023 diventa con gli stessi numeri un'attenta gestione controllata dei Fratelli d'Italia. Stessi numeri, diversi slogan: anche questo è il melonismo.

Penso invece che il problema di questo Paese sia legato alla fuga dei ragazzi dall'Italia, specie di quelli che si formano nelle nostre scuole e università e poi vanno via per guadagnare di più, portando la propria formazione – straordinaria – al servizio di altri Paesi. Un ragazzo che si laurea costa all'Italia, dall'asilo all'università, circa 250.000 euro. Se dopo la laurea se ne va, al danno morale, politico e sociale si aggiunge il danno economico. Che si fa sentire, specie in un momento di crollo demografico. Io ho cinquant'anni. Nel 1975 l'Italia ha visto nascere quasi 900.000 bambini. Negli ultimi anni meno di 400.000. Cos'altro serve per capire che siamo davanti a un collasso demografico di proporzioni ciclopiche? Gli esperti dicono che le civiltà si estinguono così, non con gli asteroidi, ma con la denatalità.

Ecco perché Italia Viva ha lanciato – nel silenzio generalizzato – una serie di proposte per il reddito di formazione, per l'abolizione degli stage sottopagati, per l'abbassamento delle tasse ai giovani. Ci rendiamo conto che, fino a venticinque anni fa, quasi tutti i quarantenni avevano acceso un mutuo per comprarsi casa e oggi i ragazzi non ce la fanno, mentre gli affitti sono comunque alle stelle? Parlare di salario d'ingresso, di case ai giovani, di investimento sulla nuova generazione, non è un diversivo, ma affrontare una sfida esistenziale per il futuro del Paese. Dai, diciamolo chiaro, stupendo tutti i profeti del pensiero unico: in Italia il problema immigrazione è decisamente secondario rispetto al problema emigrazione. Ma tutti si concentrano solo sul primo senza dare spazio alle idee per affrontare il secondo.

Certo, serve chiarezza sul quinto punto. Che è quello della sicurezza. Perché il giochino mediatico di Giorgia e dei populisti è tanto banale quanto efficace. Sovrapporre la questione immigrazione a quella della sicurezza. Parliamoci chiaramente: è ovvio che i migranti delinquono percentualmente di più. È così ovunque, è sempre stato così, sempre sarà così. Vogliamo andare a ricordare che cosa scrivevano nel 1912 i documenti americani sull'immigrazione italiana? È un testo che viene inviato in una relazione al Congresso, dunque non è semplicemente l'articolo di un giornale, ma un testo ufficiale. Ecco come vengono presentati gli italiani: «Generalmente sono di piccola statura e di pelle scura. Non amano l'acqua, molti di loro puzzano perché tengono lo stesso vestito per molte settimane. Si costruiscono baracche di legno e alluminio nelle periferie delle città dove vivono, vicini gli uni agli altri. Quando riescono ad avvicinarsi al centro affittano a caro prezzo appartamenti fatiscenti. Si presentano di solito in due e cercano una stanza con uso di cucina. Dopo pochi giorni diventano quattro, sei, dieci. Tra loro parlano lingue a noi incomprensibili, probabilmente antichi dialetti».

E ancora: «Fanno molti figli che faticano a mantenere e sono assai uniti tra di loro. Dicono che siano dediti al furto e, se ostacolati, violenti. Le nostre donne li evitano non solo perché poco attraenti e selvatici ma perché si è diffusa la voce di alcuni stupri consumati dopo agguati in strade periferiche quando le donne tornano dal lavoro». Per poi chiudere nel modo più meloniano possibile: «I nostri governanti hanno aperto troppo gli ingressi alle frontiere, ma, soprattutto, non hanno saputo selezionare tra coloro che entrano nel nostro Paese per lavorare e quelli che pensano di vivere di espedienti o, addirittura, attività criminali».

Eppure sono proprio gli italiani immigrati in America a fare la differenza anche nella caccia ai criminali. Joe Petrosino è passato alla storia tra le personalità che più hanno combattuto la delinquenza, anche con metodi innovativi. Ma quanti immigrati hanno fatto la differenza: dal sindaco di New York Fiorello La Guardia, allo sport con Joe Di Maggio, o al mondo della finanza con Amadeo Giannini, tra i fondatori di Bank of America. Per non parlare del cinema o della musica, da De Niro ad Al Pacino, da Sinatra a Lady Gaga.

La stessa cosa accade oggi in Italia. Basta con la filosofia della paura: i talenti che vengono da fuori possono aiutare a rinnovare il genio italico, se solo mettiamo al centro i valori e la cultura che ci hanno sempre contraddistinto. Ma bisogna passare dalla logica della paura a offrire una speranza e una visione.

Il punto chiave deve essere garantire la sicurezza. Le parole «legge e ordine» vanno recuperate dal centrosinistra perché la Meloni non è riuscita a difenderle. Questo governo ha aumentato le pene per tutti i reati che finivano al centro dell'attenzione mediatica. Ma non ha garantito la certezza della pena, anzi. Ha inasprito le pene per chi organizza rave, per chi causa incendi, per chi acquista merce contraffatta, per la dispersione scolastica, per le baby gang, per chi istiga all'anoressia. È facile aumentare le pene. Accade qualcosa che colpisce l'opinione pubblica; *zac*, si fa un decreto e si aumentano le pene. E si spera – da bravi influencer – che la pancia della gente sia accontentata. I dati della criminalità, però, mostrano un aumento dei reati tra il 2022 e il 2023, nel primo anno del nuovo esecutivo. E le statistiche del 2024 mostrano un segnale preoccupante: percentualmente aumentano i reati compiuti dai minorenni. Su 100 reati commessi, nel 2023, 4 sono commessi da minorenni. Nel 2024 la cifra si triplica: 12 reati su 100 commessi da minorenni. Che vuol dire? Che mentre la Meloni inasprisce le pene a uso e consumo dei social e dei media, i minorenni delinquono di più.

Ma se vuoi più sicurezza, i carabinieri e i poliziotti non devono stare nei resort in Albania a fare villeggiatura: devono essere riportati a casa e destinati ad aiutare i colleghi già presenti nelle stazioni, nelle periferie, sulla strada. Se vuoi più sicurezza serve partire dalle periferie con investimenti in palestre, centri culturali, doposcuola, mondo associativo. Serve non tagliare il fondo per la povertà educativa da noi istituito nel 2016 e poi tagliato brutalmente dall'esecutivo Meloni (prima azzerato del tutto, poi recuperato solo molto parzialmente). Serve essere duri con il crimine, duri con le cause del crimine, come ha sempre ricordato Tony Blair, l'unico leader di sinistra ad aver capito prima e meglio di tutti l'importanza della sicurezza.

A differenza di ciò che ha sempre raccontato la propaganda meloniana, la priorità della sicurezza non è quella di chi arriva con i barconi. Intendiamoci: bisogna bloccare il business dei trafficanti d'uomini, certo. E però Giorgia Meloni su questo oggi non ha più diritto di parola, dopo che ha scarcerato il boss dei boss del traffico dei clandestini, dopo che ha riaccompagnato con un volo di Stato il re dell'immigrazione illegale. E poi i barconi uccidono, perché sono ancora troppi i nostri fratelli che muoiono affogati nel Mediterraneo. Il problema della sicurezza interna, tuttavia, oggi è legato alla radicalizzazione dei più giovani, allo scintillare di lame che si sta verificando nelle nostre scuole e tra i nostri ragazzi. Ci sono, in particolar modo, due forme di radicalizzazione che mi preoccupano molto. La prima è quella delle seconde generazioni legate all'estremismo islamico. Non voglio che l'Italia conosca – con dieci anni di ritardo – fenomeni come *Charlie Hebdo* o Bataclan. E per questo occorre tolleranza zero verso fenomeni di violenza, di qualsiasi genere.

Ho sentito parole poco chiare contro la *taharrush gamea*, pratica di molestia collettiva che alcuni ragazzi arabi hanno messo in atto, ad esempio, durante il Capodanno di Milano, e che in troppi hanno sottovalutato. Poi serve l'azione delle bravissime forze di polizia per evitare la radicalizzazione terroristica. E su questo servono anche i servizi segreti. Il governo dovrebbe occuparsi di più di questo problema e mettere gli agenti dell'intelligence a spiare chi si sta radicalizzando, non il direttore di *Fanpage*.

E mi preoccupa anche la mancanza di attenzione politica sulla radicalizzazione ideologica dei più giovani. Un solo esempio, tra i tanti: il minorenne di Paderno Dugnano che ha ucciso padre, madre e fratellino non aveva un movente, ammesso che si possa avere un movente per una strage così terribile. Ma sulla scrivania teneva il *Mein Kampf* di Hitler. E il fenomeno di ragazzini che si lasciano fare il lavaggio del cervello da ideali neonazisti sta crescendo a dismisura.

Ed è il sesto punto quello al quale tengo di più, per sensibilità personale, ma anche per convinzione ideale. Bisogna fare l'opposto di ciò che dice la Meloni sui temi della cultura e dell'educazione. Insomma Sangiuliano prima e Giuli sono un modello al contrario. Perché la cultura è fondamentale per impostare il futuro, non solo per ricordare. Credo che più il mondo scopre l'intelligenza artificiale, più cresce il ruolo di chi, come l'Italia, ha sempre fatto grandi cose con l'intelligenza umana. Serve un grande investimento sull'innovazione, altro che storie. Servono *startup*, *venture capital*, *hub* per il talento. Penso che soprattutto il Sud potrebbe diventare un gigantesco attrattore di cervelli, se l'esecutivo fosse capace di realizzare operazioni *win-win* come quella che facemmo con la Apple di Tim Cook e l'università Federico II di Napoli dell'allora rettore Gaetano Manfredi.

Oggi che Napoli e tutto il Mezzogiorno conoscono una stagione di crescita senza precedenti, portare insediamenti di cervelli al Sud è una concreta opportunità, dirottando su un paio di grandi progetti i tanti fondi sparpagliati in marchette. L'influencer pensa che fare innovazione significhi invitare Musk ad Atreju, io credo invece che sia investire in AI, aprire laboratori, fare ricerca, dare risorse all'università, semplificare i cambiamenti nelle aziende. L'ex sindaco di Firenze, tuttavia, va oltre rispetto a questa visione. Se è giusto seminare innovazione è anche doveroso valorizzare il patrimonio culturale che abbiamo. Che è vivo e può fecondare la mente delle nuove generazioni. A condizione di dare messaggi nella giusta direzione. La 18App voleva portare i neomaggiorenni in libreria, a teatro, a concerto: Sangiuliano l'ha prima eliminata, poi parzialmente recuperata, ma senza capire che l'obiettivo di legare l'ingresso nel mondo adulto al consumo di beni culturali era molto più che un incentivo alla lettura: era un modo per declinare l'identità di un Paese e del suo popolo.

Dopo gli anni di ubriacatura della *cancel culture*, fortunatamente passati di moda, è arrivato il momento di valorizzare l'identità culturale non come ostacolo all'apertura al mondo. Tutt'altro. Può aprirsi solo chi ha un'identità definita. Identità non è il contrario di integrazione: il contrario di integrazione è disintegrazione. Il contrario di identità è anonimato.

Su questi temi sarebbe bello parlare e confrontarsi con una destra culturalmente curiosa e aperta. E invece abbiamo i pasdaran del pensiero unico meloniano che pensano che parlare di cultura significhi leggere *Il Signore degli Anelli*, guardare in tv Pino Insegno, abbeverarsi alle scelte del concessionario di auto di Frosinone che le sorelle Meloni hanno voluto alla guida della principale azienda dei servizi culturali di questo Paese.

A differenza di altri, ho sempre legato la questione cultura alla questione difesa. Un euro in cultura, un euro in sicurezza: questo il mantra dopo gli attentati del 2015 tra *Charlie Hebdo* e Bataclan. Ciò che dicemmo allora, in un intervento concitato alla Sorbona, è valido oggi più che mai, specie in tempi di nuova attenzione alle questioni militari.

E infatti il punto settimo è proprio la difesa. Dopo l'elezione di Trump è tornata prepotentemente al centro del dibattito la questione delle spese militari. Meloni ha sempre avuto uno sguardo molto nazionalista sul tema. Mentre la sua nuova amica Ursula Von der Leyen ha preso la palla al balzo per annunciare un progetto europeo da 800 miliardi di euro. Penso che stiano sbagliando entrambe.

La presidente del Consiglio italiano non perde neanche questa occasione per dimostrare il proprio provincialismo: ma come si fa a gestire una partita del genere da soli come Italia? A meno di non voler essere in posizione vassalla degli Stati Uniti e dipendere in tutto e per tutto da Washington. Che magari è l'idea di Giorgia, anche se ha sempre sostenuto il contrario.

Se invece la visione è figlia del nazionalismo, bisognerebbe tornare alle parole di George Orwell, che pure la Meloni dovrebbe imparare a memoria e ricordare quando cita – spesso a sproposito – il concetto di nazione. «Con "nazionalismo" intendo innanzitutto l'abitudine a credere che gli esseri umani possano essere classificati come insetti e che interi gruppi di milioni o decine di milioni di individui possano essere tranquillamente etichettati come "buoni" o "cattivi" a seconda della loro identità o appartenenza. In secondo luogo – e questo è assai più importante – intendo l'inclinazione a identificare sé stessi con una singola nazione o altra entità unitaria, elevandola al di là del bene e del male e ponendo i suoi interessi al di sopra di ogni altra cosa. Il nazionalismo non va confuso con il patriottismo.»

Ma anche la presidente della Commissione europea sbaglia, e sbaglia clamorosamente. E lo fa, come già sul Green Deal, per eccesso di ideologismo. E quando l'ideologia diventa burocrazia sono guai. Lo abbiamo visto nel momento in cui le geniali intuizioni di Ursula Von der Leyen sono state imposte all'industria europea, creando il più grande autogol della storia continentale e un danno enorme alle manifatture italiana e tedesca.

Non mi fido di Ursula Von der Leyen. Non la ritengo capace di guidare l'Europa in un passaggio così delicato.

Questo vuol dire che non vogliamo una difesa europea? Tutt'altro. Proprio in questo 2025 ricordiamo i settant'anni della conferenza di Messina, che cercò di rilanciare il tema della difesa comune dopo il fallimento della Comunità europea di difesa del 1954. Lo «spirito di Messina» segnò il tentativo di ripartenza dell'Europa e aiutò nel percorso verso il Trattato di Roma del 1957. Noi siamo da sempre dalla parte della difesa comune e quelli come me – ingenui sognatori, forse – continuano a credere nell'esercito europeo come obiettivo verso cui tendere. E per arrivarci, tuttavia, non servono i fantatriliardi dei burocrati di Bruxelles. No. Servono scelte politiche. Cominciando dalla giusta intuizione di Emmanuel Macron di offrire lo scudo atomico francese a tutta l'Unione Europea. E proseguendo nel mettere insieme – laddove possibile – le azioni delle principali aziende europee del settore, a cominciare dalla francese Thales, dalla tedesca Rheinmetall, dall'italiana Leonardo.

Anziché chiedere altri soldi ai cittadini, iniziamo a spendere bene, e insieme, quelli che già ci sono. E spendiamoli in ciò che serve davvero. C'è un punto che ho imparato nella mia attività di conferenziere e membro di *board* di tutto il mondo: la qualità della spesa militare è un argomento troppo spesso ignorato dai politici europei.

Certo, c'è anche un problema di *quantum*. Nel 1992 i partner europei della Nato spendevano circa il 2,6% del proprio Pil per spese militari. Questa cifra era crollata sotto l'1% e nel 2014 nel vertice Nato in Galles con tutti gli altri Paesi convenimmo di tornare al 2%. Essendo uno dei firmatari di quell'accordo non ho cambiato idea. Come non ho cambiato idea sul fatto che questi investimenti vadano «scorporati» dal patto di stabilità europeo, argomento sul quale ebbi già allora una discussione molto accesa con l'allora primo ministro britannico, David Cameron. Il tema del *quantum* è decisivo. Negli ultimi trent'anni (1994-2023) gli Stati Uniti sono passati da investire poco più di 600 miliardi di dollari a quasi 900, la Cina da meno di 50 miliardi a quasi 500, la Russia da 139 a 428 miliardi, i Paesi europei della Nato da 322 a 380 miliardi.

Il focus che però vorrei fosse più chiaro è dove investire, non solo quanto.

Per me il cuore di tutto deve essere l'investimento in ricerca. Perché grazie alle risorse liberate per la ricerca militare sono nate le più grandi scoperte degli ultimi decenni, da internet al farmaceutico agli smartphone. Ecco cosa serve: un gigantesco investimento in innovazione che aiuti la difesa, ma anche l'ecosistema delle *startup*, del *venture capital*, dei cervelli. Perché se investiamo sulle idee, tratterremo più talenti in Italia, lasceremo più ricchezza in questo Paese, daremo speranza. E magari saremo capaci di attrarre immigrazione di qualità, gente che studia in Bocconi o al Politecnico e che poi sceglie di restare in Italia anziché andare ad Austin o a Singapore.

Nel 2022 gli Stati Uniti hanno investito 94 miliardi di dollari in ricerca e sviluppo sulla difesa, l'Europa 9 miliardi. Non può funzionare così. Senza aumentare le spese militari ma solo rimodulandole con la stessa proporzione degli americani, potremmo triplicare e arrivare a quasi 30 miliardi di dollari. Il che significherebbe ricadute straordinarie per i giovani talenti e per la quotidianità dei cittadini europei.

Serve investire in difesa, certo. Ma non come dice la Meloni. Purtroppo nemmeno come dice la Von der Leyen. E comunque, se vogliono mettere 800 miliardi di nuovi investimenti in difesa, che mettano la stessa cifra anche in nuovi investimenti in cultura, educazione, terzo settore. La storia del Ghiberti insegna molto ancora.

Punto numero otto. Meloni ha preso in giro il ceto medio. Quando noi abbiamo fatto gli 80 euro, lei ha detto che erano una mancia. Però, diciamolo chiaramente, allora eravamo in deflazione e dunque quegli 80 euro (mensili, netti) finivano nelle tasche dei lavoratori e potevano essere spesi subito. Oggi no. Oggi abbiamo una costante crescita dell'inflazione, il prezzo del gas che è aumentato del 90% rispetto al 2019, il tasso di interesse dei mutui che è ripartito schizzando verso l'alto dopo anni di sostanziale blocco. E il fatto che adesso piano piano i mutui si stiano abbassando significa ben poco: non torneremo ai livelli del 2014, quando gli 80 euro facevano la differenza. Oggi il governo Meloni non tocca le accise, aumenta le multe, alza la pressione fiscale: come facciamo a stupirci se sempre più famiglie faticano ad arrivare alla fine del mese?

Penso che nei prossimi mesi si farà sentire di più la pressione sul governo, specie pensando che il primo effetto collaterale di chi ha meno soldi è la difficoltà di curarsi, ove drammaticamente serva, nel privato. E nel pubblico – dove pure continuano a esserci esperienze di qualità straordinaria – le liste d'attesa sono un problema che l'esecutivo non ha risolto nemmeno con il decreto legge elettorale del giugno 2024. Nel 2025 aumentano le multe, le sigarette, ma soprattutto le bollette. Perché nel moralismo dei senza morale, se fumi è un problema tuo, se vai a 51 km/h è un problema tuo. Ma se hai freddo, no, non è un problema tuo. Nella mia newsletter settimanale pongo il tema di costo della vita, inflazione e salari. Ricevo lettere toccanti. Quello che era una volta il ceto medio fatica drammaticamente a fare i conti con la realtà.

Un presidente del Consiglio mette in piedi una strategia globale.

Un'influencer fa i post e i provvedimenti spot per prendere like, ma non cambia la sostanza.

Servirebbero riforme costituzionali, ed è il nono pilastro di ciò che la Meloni ha detto e non ha fatto. Aveva promesso il presidenzialismo e ha rinunciato. Ha presentato una riforma sull'elezione diretta del presidente del Consiglio e noi abbiamo dato la disponibilità a sostenere il governo. Poi abbiamo letto il testo e abbiamo scoperto che sono riusciti a inventarsi un sistema ibrido per cui voti la Meloni e puoi trovarti La Russa presidente del Consiglio. E questa la chiamano «elezione diretta del presidente», pensa se fosse stata indiretta. Credo che non faranno né presidenzialismo né elezione diretta del premier. E siccome io ho perso il mio posto a Palazzo Chigi per aver sostenuto la necessità delle riforme, lo ribadisco anche qui: servono riforme, eccome se servono.

Meloni aveva promesso di abolire le regioni. Arrivata a Palazzo Chigi ha cambiato idea e ha chiesto a Roberto Calderoli, fine statista già autore di una legge elettorale che lui stesso ha definito «una porcata», il Porcellum, di impreziosire il suo curriculum con una riforma dell'autonomia per dare più poteri alle regioni. Da abolire le regioni a valorizzare le regioni. Salvo poi ritornare al punto di partenza perché la Corte costituzionale ha bocciato questa proposta.

Meloni aveva criticato le riforme fiscali nate in Leopolda ormai quindici anni fa e poi realizzate dal mio governo. Prendendoci il rischio dell'impopolarità noi abbiamo fatto la fatturazione elettronica (che Giorgia Meloni definiva ancora nel gennaio 2019 «una follia»), lo scontrino fiscale, il Fisco 2.0, la dichiarazione precompilata, la *compliance*. Tutte queste misure hanno prodotto un aumento del gettito che oggi Meloni rivendica nei suoi video senza contraddittorio, asserragliata nel palazzo, che sono ormai la nuova forma di comunicazione. Dunque la Meloni criticava le misure che oggi rivendica.

Con Giorgia è tutto così, non c'è niente da fare. Le riforme che contestava sono quelle che oggi utilizza; le riforme che proponeva sono quelle che oggi ha dimenticato.

Attaccava la riforma bancaria delle popolari, grazie alla quale oggi il sistema è stato messo in salvo. E il governo ne approfitta facendo di volta in volta sponda a (legittimi) interessi di player imprenditoriali privati.

Strizzava l'occhio ai giustizialisti e oggi si propone di separare le carriere dei magistrati.

Contestava lo Sblocca Italia e chiedeva di bloccare le trivelle, oggi fa il contrario.

Si è schierata contro il superamento costituzionale del bicameralismo paritario e poi oggi esige che i provvedimenti siano discussi da una sola Camera imponendo di fatto una sorta di monocameralismo.

Per sapere quali riforme servono al Paese l'esercizio è semplice: andate a rileggere i tweet di Giorgia Meloni dal 2012 al 2022, quelli che non ha cancellato intendo. Sono dieci anni condensati in tre ore di scroll sul computer. Leggete i tweet e vi convincerete che per salvare il Paese basta fare il contrario di quello che diceva allora l'influencer in capo.

Infine il decimo punto. Giorgia Meloni parla solo dell'onore di servire la patria e rispettare le istituzioni. E fa la morale agli altri. Quando una parte della sinistra non voleva sostenere la candidatura di Raffaele Fitto, la premier urlava contro l'opposizione anti-italiana. Ma dimenticava le sue aggressioni verbali a Federica Mogherini nel 2014 e nel 2016. E dimentica anche che quando il governo Conte II indica Paolo Gentiloni come commissario, la prima cosa che fa la Meloni – la grande sostenitrice dell'interesse nazionale – è quella di organizzare una manifestazione di piazza contro questa nomina. Strano modo di difendere un italiano in Europa. Però se qualcuno critica Fitto, *zac*, parte la girandola di insulti da parte della maggioranza nei confronti di chi esprime dubbi.

Voglio essere chiaro: sono molto contento che il governo abbia nominato Raffaele Fitto perché è la migliore scelta che l'esecutivo potesse fare, al suo interno, per quel ruolo. Mi lega a Fitto un sentimento di stima e di amicizia. E se fossi stato parlamentare europeo avrei lavorato con grande convinzione per votarlo e farlo votare. Nessun dubbio sulla persona, insomma. Sulla persona di Fitto dico. Ma sul comportamento di chi, come Fratelli d'Italia, chiede unità nazionale quando la nomina la fa la Meloni e lancia insulti quando per la stessa posizione la nomina viene dai governi Renzi o Conte, be', questo è segno di un'ipocrisia insopportabile. Che diventa pura vergogna quando ci ricordiamo che cosa diceva Giorgia Meloni della figura del presidente della Repubblica. Senza risalire agli insulti contro Giorgio Napolitano, mi limito a ricordare le parole dell'attuale premier contro Sergio Mattarella non solo nel momento in cui lo proponemmo per la guida del Paese, ma anche e soprattutto quando nel 2018, esercitando i suoi poteri, il presidente decise di non procedere alla nomina di un ministro ai sensi dell'articolo 92 della Costituzione. Nel rispetto della Costituzione.

Giorgia Meloni – che pure era all'opposizione del governo gialloverde – si scatenò più di Di Maio e di Salvini messi insieme e in un primo momento chiese la messa in stato di accusa di Sergio Mattarella. Salvo poi accorgersi di avere fatto un autogol. E ritirarsi in silenzio sperando che nessuno si potesse ricordare di questa follia.

Su questi dieci punti Giorgia Meloni ha tracciato la strada. Ha spiegato cosa bisogna fare: il contrario di quello che lei ha sempre detto dall'opposizione.

Ma per far cambiare rotta al Paese serve qualcosa in più. Serve un'alternativa, non solo l'opposizione.

Intendiamoci. Già il fatto che finalmente qualcuno faccia opposizione non è male. Ma opporsi non basta. Oggi i numeri dicono che Giorgia Meloni è minoranza nel Paese.

Ha vinto la volta scorsa grazie alle scelte dell'allora leadership Pd che sbagliò tutto quello che si poteva sbagliare.

Ogni mattina Giorgia Meloni si alza e deve mandare un pensiero riconoscente a Enrico Letta. Se Letta si fosse alleato con il centro, senza mettere veti su Italia Viva, Meloni non avrebbe avuto i numeri per fare il governo. La matematica spiega chiaramente ciò che la politica del Pd allora non comprese. Il Terzo polo nasce sulla base del veto *ad personam* che Letta mi riserva in nome di un'antica antipatia personale. A me hanno insegnato che si fa politica con il sentimento e non con il risentimento e intendo restare fedele a questo messaggio.

Nel 2022 Giorgia Meloni ha ottenuto il 26% dei consensi e grazie alla lungimiranza del Pd di Letta con questa cifra ha vinto. È la stessa percentuale che aveva preso Pierluigi Bersani, la stessa, ma allora fu una sconfitta, perché in un sistema come il nostro, saper fare le giuste alleanze diventa decisivo.

Il presunto consenso bulgaro di cui godrebbe ancora oggi è una *fake news* che Palazzo Chigi rilancia in tutte le veline. E che alcuni media si bevono.

Il suo consenso raramente ha superato il 30% nei sondaggi. Mai lo ha fatto nelle elezioni. Guardate i dati delle Europee. Pur con un'affluenza molto bassa, il che agevola chi sta al governo, Meloni ha ottenuto nel 2024 il peggior risultato di un esecutivo negli ultimi vent'anni.

Berlusconi nel 2009 prende alle Europee il 35% con il Popolo delle libertà.

Noi prendiamo nel 2014 il 41% con il Pd.

Salvini prende nel 2019 il 34% con la Lega.

Meloni prende il 29% con Fratelli d'Italia e un'affluenza sotto il 50%.

Alle prossime Politiche è destinata a scendere.

La sua forza non è il reale consenso, ma la narrazione monocorde di chi la ritiene ineluttabile.

Il problema è come mettere insieme tutto il centrosinistra. E costruire su giovani, stipendi, sanità, una prospettiva alternativa.

Non è facile. Perché il passato ci divide. E sia chiaro: nessuno di noi può e deve cambiare idea sul passato. Rifarei una, dieci, cento volte, l'operazione che ha portato Mattarella al Quirinale, che ha portato Draghi a Palazzo Chigi, che ha portato il Parlamento a votare le riforme, dalle unioni civili alla legge sul dopo di noi, che ha portato le aziende a tornare a crescere con Industria 4.0 o il Jobs Act.

Come io non chiedo a Elly Schlein di cambiare idea sul Jobs Act o a Giuseppe Conte di cambiare idea su Mario Draghi, così, diciamola chiaramente, mi tengo strette le mie idee. Ma se riteniamo che Giorgia Meloni non sia all'altezza dell'incarico che svolge e se vogliamo evitare che dal cilindro di Lollobrigida e Salvini arrivi il successore di Sergio Mattarella, nel 2029, be', bisogna darsi una mossa.

Mi sono alleato con Conte per bloccare il Salvini del Papeete ed evitare una presidenza della Repubblica sovranista. Come mi ero alleato con pezzi di centrodestra per salvare l'Italia dal fare «la fine della Grecia» come dicevano tutti nel 2014. Ho lavorato con la sinistra radicale per eleggere nel 2015 Mattarella e confermarlo nel 2022 contro chi voleva mettere al suo posto una dirigente dei servizi segreti, dimostrando una pochezza istituzionale imbarazzante. Ho rinunciato a ministeri e poltrone pur di supportare Mario Draghi in un momento di crisi profonda del Paese.

Sempre e per sempre, dalla stessa parte: quella della politica. Che è il contrario del populismo.

Con queste operazioni, per molti spregiudicate, ho perso consenso. E sono diventato impopolare. Ma meglio impopolare che populista. Farò di tutto per recuperare almeno una piccola parte di consenso, sia chiaro: un politico deve prendere voti, non può solo avere le idee giuste.

Quando mi fermano per la strada, magari per un selfie o una stretta di mano, in tanti mi dicono: «Non ti voto, ma sei il più bravo di tutti». Pensano di farmi un piacere, ma non si accorgono che mettono il dito nella piaga. È come se uno a Sanremo si dovesse accontentare del premio della critica mentre gli altri vincono il festival. Oppure: «Non ti voto, ma ascolto sempre i tuoi interventi in Senato». O ancora: «Non ti voto, ma sei l'unico che fa opposizione». Con la variante di destra: «Non ti voto, ma mi sarebbe tanto piaciuto se tu avessi preso in mano Forza Italia». E infine, ultima versione: «Non ti voto, ma sull'Arabia Saudita (o gli Stati Uniti d'Europa o le unioni civili o Industria 4.0 eccetera) riconosco che avevi ragione tu».

Non mi interessa essere stimato: servono i voti, in politica, non i selfie.

Ed è per questo che faremo di tutto, nei due anni che ci separano dalle elezioni, per fare di Italia Viva il perno di quello che De Gasperi, molto più autorevolmente di noi, definiva «un centro che guarda a sinistra». Prendendo voti, formando classe dirigente, unendo storie di amministratori. Certo, molto dipenderà dalla legge elettorale. Se davvero Forza Italia scegliesse di andare su un sistema proporzionale e soprattutto Giorgia Meloni confermasse la propria storica battaglia di introdurre le preferenze, ci sarebbe tutto un altro schema di gioco. Ma non credo al coraggio di Forza Italia, non credo alla coerenza di Fratelli d'Italia. Non cambieranno la legge elettorale finché non avranno davvero paura di perdere. E se la cambieranno all'ultimo tuffo, perderanno davvero. Noi comunque dobbiamo proseguire per il nostro cammino sapendo che al bivio tra l'essere impopolari e l'essere populisti, sceglieremo sempre la prima opzione. La strada più difficile.

Quando nacque Italia Viva, ormai sei anni fa, citai un cult della nostra generazione, la poesia di Robert Frost che Robin Williams recita ne *L'attimo fuggente*: «Due strade divergevano in un bosco ed io – io presi quella meno battuta, e questo ha fatto tutta la differenza».

Fare le cose facili riesce a tutti.

Dire uno slogan che piace è un gioco da ragazzi. Da influencer, appunto.

Avere il coraggio di attaccare una premier che sembra intoccabile, offrire uno sguardo laterale sulla politica estera, provare a vincere le piccole invidie personali per costruire un'alternativa per il Paese, lanciare tre idee su cui trovarsi tutti d'accordo, mettere al centro la vita quotidiana del ceto medio anziché le proprie contorsioni mentali. Questo sarà il nostro compito nei prossimi mesi. Soprattutto con i ragazzi che si stanno avvicinando ora alla politica. La nuova generazione. I nati negli anni Novanta/Duemila. Che ci sono, hanno idee, coraggio, desiderio.

Questi ragazzi sono il tesoro più prezioso di cui l'Italia dispone. Per questo incontrarli e contribuire alla loro formazione politica, specie con le scuole di Meritare l'Europa che mandiamo avanti ormai dal 2019, riunendoci anche nei duri anni del Covid, è il progetto più bello al quale sto partecipando. Più che un discorso in Senato, più che una conferenza all'estero, più che un riconoscimento internazionale: liberare il talento e le energie di questi ragazzi per me è la sfida più straordinaria.

E questi ragazzi meritano di avere un governo che non sia fatto di Delmastro e Lollobrigida, di Santanchè e Salvini. Un governo che rispetti le istituzioni e non le utilizzi per spiare gli avversari.

Quando penso a quello che stanno facendo Meloni e Mantovano a questo Paese mi viene in mente Pier Paolo Pasolini che definisce le istituzioni «commoventi» e «misteriose». Ricordate quel meraviglioso passaggio? «Anime belle del cazzo, per cos'altro moriranno / i due fratelli Kennedy, se non / per un'istituzione? E per cos'altro, se non per un'istituzione / moriranno tanti piccoli, sublimi Vietcong? / Poiché le istituzioni sono commoventi: e gli uomini / in altro che in esse non sanno riconoscersi. / Sono esse che li rendono umilmente fratelli. / C'è qualcosa di così misterioso nelle istituzioni / – unica forma di vita e semplice modello per l'umanità – / che il mistero di un singolo, in confronto, è nulla.»

Non sono d'accordo sul fatto che il mistero di un singolo in confronto sia un nulla. Nella mia cultura di cattolico democratico il mistero del singolo non è mai un nulla. Mai. E tuttavia Pasolini spiega l'importanza delle istituzioni rendendo ancora più insopportabile il fatto che il governo le stia calpestando.

Per questi ragazzi daremo e faremo di tutto. Meritano di essere governati dalla politica e non da un'influencer.

Nel frattempo mi accorgo di invecchiare. Nulla di grave, eh. Invecchiare non sarà granché, ma come dice la celebre battuta, l'alternativa a invecchiare è peggio.

Ho compiuto cinquant'anni nel gennaio del 2025. Da piccolo, quando fantasticavo su come sarei stato a cinquant'anni, mi immaginavo già vecchio, quasi in pensione, anche perché era un altro mondo. Tutti noi vediamo oggi settantenni che fanno le maratone e la terza età è completamente diversa da quella che ci immaginavamo da giovani. Bene così. Andrà sempre meglio, peraltro: l'età media cresce, la qualità della vita migliora, la medicina fa passi da gigante. E se c'è un settore in cui l'intelligenza artificiale ci fa fare progressi enormi è proprio questo. Malattie devastanti che hanno ucciso i nostri nonni sono ormai curabili senza troppi problemi. E mese dopo mese la ricerca fa passi in avanti che commuovono il cuore.

A cinquant'anni ho festeggiato con i miei amici, come era giusto che fosse. Il caso ha voluto che il mio compleanno sia arrivato qualche giorno dopo la fine dell'incubo Open. Chi ha letto *Il mostro* sa che cosa ho dovuto subire in questi anni.

Un'indagine farlocca, fondata su atti illegittimi tra inutili sequestri annullati dalla Cassazione e vigliacche intercettazioni giudicate illegali dalla Corte costituzionale. Cinque anni di una gogna mediatica che ha azzoppato il progetto politico di Italia Viva, e che – viste le carte – non doveva neanche partire. Perché noi non abbiamo ricevuto finanziamenti illeciti e la Leopolda è fatta da gente per bene che partecipa a spese proprie, perché amava e ama fare politica.

Il Pm che mi ha aggredito, arrestando ingiustamente i miei genitori e indagando me più volte, oltre a indagare mia sorella, mio cognato e i miei amici, va in pensione tre giorni dopo la sconfitta più cocente della sua carriera. Va in pensione senza pagare dazio per quello che ha fatto a una persona per bene. Ma io non credo alla vendetta: penso sia importante continuare a combattere per una giustizia giusta, per i cittadini comuni che non hanno le possibilità mediatiche e logistiche che ho avuto io. Mi spiace che il principio «chi sbaglia paga» non valga per quelli come lui, ma non mi interessa più pensarci: Alda Merini diceva che la miglior vendetta è la felicità. E io sono felice.

Nelle ore dell'assoluzione ringrazio Agnese per essere stata una roccia, ringrazio Francesco, Emanuele ed Ester per non aver mai dubitato del loro babbo – e non era facile –, ringrazio gli avvocati, i miei amici, i collaboratori, i colleghi. Tutti.

Ma mi dico anche che non basta. E allora prendo il risarcimento di una causa per diffamazione vinta contro Marco Travaglio e *Il Fatto Quotidiano* e la investo. In Borsa? Macché. In festa!

Il mio compleanno è una festa per tutti quelli che hanno patito con me. All'ex Teatro Tenda di Firenze arrivano un migliaio di persone da tutta Italia e festeggiamo con l'entusiasmo di chi sa che ha vinto la giustizia e perso il giustizialismo. E di chi sa bene che, dopo quello che abbiamo passato, cosa potrà mai farci un emendamento *ad personam* regalatoci dalle sorelle della Garbatella? Possono aggredirci quanto vogliono, noi siamo forti e fortunati.

La sera, la festa si sposta con gli amici in Versilia. Invito tra gli altri i ministri del governo del 2014 in una bella rimpatriata. Balliamo a lungo, accompagnati dalla fantastica Anema e Core band di Capri di Gianluigi Lembo. Alla fine i miei figli si avvicinano al palco. Francesco canta come me. Non benissimo, ecco. Ma ne è consapevole e dunque fa il presentatore: la chiacchiera non gli manca, anche qui chissà da chi ha preso. Introduce i suoi fratelli. La chitarra del mancino Emanuele, la voce angelica di Ester. E cantano *Anna e Marco*, una canzone di Lucio Dalla che con Agnese ascoltavamo al tempo dei primi appuntamenti, quando ancora eravamo soliti registrare le audiocassette, altro che Spotify. Finita la canzone, bellissima, parte l'applauso. E prima di riprendere a ballare sale sul palco, col tempismo del grande professionista che è, Pier Ferdinando Casini. Che dice: «Ragazzi, siamo qui per festeggiare Matteo. Ha fatto tutto, ha fatto anche troppo. Ma il successo più grande suo e di Agnese sono questi ragazzi più che la politica».

Parte l'applauso. Ha ragione lui, mi dico dentro di me. Ma siccome non voglio commuovermi la butto sul ridere e dico ad alta voce così che mi sentano tutti: «Pier, inutile che tu provi la campagna elettorale. Tanto nel 2029 Mattarella fa il terzo mandato e ti freghiamo un'altra volta». Risate, abbracci, affetto.

Ma alla fine ha ragione Casini.

La politica è bellissima, la vita di più.

Quando i figli cantano e fanno festa insieme agli amici ti rendi conto che loro sono il valore più grande e più vero di questi cinquant'anni. Fare politica è meno bello che vivere certe emozioni. E tuttavia fare politica serve proprio per i tuoi figli e per i figli di tutti.

L'Italia non merita di diventare un Paese dal quale fuggire.

Un Paese che premia l'amichettismo e non il merito.

Un Paese che odia gli avversari e non riconosce le qualità.

Un Paese che spende in marchette e non investe in futuro.

No, l'Italia non si merita il governo degli influencer.

L'Italia ha diritto di tornare alla Politica con la p maiuscola.

E noi abbiamo il dovere di provare a dare una mano.

Indice

Finito di stampare nel mese di marzo 2025
su carta holmen
con fibra vergine proveniente da foreste sostenibili holmen.com/paper
presso Grafica Veneta S.p.A.
Via Malcanton, 2 – Trebaseleghe (PD)
Printed in Italy

Certificato PEFC
Questo prodotto è realizzato con materia prima da foreste gestite in maniera sostenibile e da fonti controllate
PEFC
PEFC/18-31-226
www.pefc.it

GRAFICA VENETA
GV CARBON NEUTRAL

Questo libro è fabbricato da Grafica Veneta S.p.A.
con un processo di stampa e rilegatura certificato 100% carbon neutral
in accordo con PAS 2060 BSI